最強キャリアをつくる
CIA&FBI 諜報員に学ぶ
転職・就職術

TOP SECRET

毛利元貞 著
国家資格　2級キャリアコンサルティング技能士
OPI 日本語会話能力テスト試験官

新紀元社

目次

はじめに

今だから、あなたに話しても構わないだろう。

濃い霧がただよう中国・インド国境、マラリア蚊が生息するタイ・ミャンマー国境、対テロ訓練施設がある米国ワシントンDC郊外、そして日本。

セキュリティ・コンサルタントとして国内外で活動してきた私は幾度となく、彼らと出会ってきた。

彼らとは、誰か。

それは、CIAやFBIなどの諜報員(Gメン)たちだ。軍情報部や特殊部隊から派遣された連中もいた。現役もいれば、退役した者もいる。

彼らと接するうち、私はその〝生き方〟、つまりはキャリアのつくり方に感銘を受けるようになった。

そして今、2つの〝生き方〟を私は歩んでいる。プロの日本語教師と国家資格キャリアコンサルティング技能士という〝キャリア〟である。

「日本語教育能力検定試験」に合格後、私は民間企業に勤める外国人ビジネスパーソンの日本語指導をおこなっている。米国国防総省や国防情報局（ＤＩＡ）などが採用している「会話能力テスト（ACTFL-OPI）」試験官の資格も取得し、日本語のレベル・チェックをすることもある。

このとき、彼らの話し方に高度な訓練を受けた痕跡を感じることがある。そう、以前出会った彼らの気配だ。

なぜ、民間企業に彼らがいるのか。

その理由は情報収集をするためだ。隣国の家電メーカーのような民間企業ですら、日本駐在員は最初の一年間は仕事をせず、ひたすら日本文化と庶民の生活を学んでいく。すべては商品開発のためである。欧米の諜報機関が、こうした合理的な方法を使わないはずがない。

また、離職後の転職を挙げられる。過酷な任務に終止符を打ち、彼らは民間企業で新たなキャリアを切り開いているのである。

彼らが用いるノウハウは、史上最強のキャリアのつくり方といえる。

民間企業への転職において、諜報員の多くは素性を隠す。合法的にうまく作成した履歴書や職務経歴書を送り、採用面接を経て、新たな人生を送っている。

彼らは生死をかけてきた経験を、採用面接でアピールすることはない。諜報員という職業は、周囲から嫌悪感や反感をもたれやすいからである。

元諜報員を雇うことによって、自社がテロの標的に晒されるのではないかと、企業の経営陣は危惧する。自分たちが操られるのではないかと、疑心暗鬼になることもある。

また、問題となるのが報酬だ。過去の経歴に対し、どの程度の報酬が見合うのかを決める方法を企業は持っていない。見えないものへの投資は博打に近く、どうしても敬遠される。

こんな実例がある。

私がビジネス日本語を指導していた米国人ビジネスマンAの母親は、諜報機関で働いていた。職務経歴書に本当の経歴を載せたことが原因となり、民間企業への再就職はなかなか決まらなかった。

彼女の職務経歴書に目を通した人事部の面接官は、決まって次のように質問した。「輝かしいキャリアを積んだあなたがなぜ、私どもの会社へ来るのですか。本当の理由は何ですか？」と。

過去を打ち明けることで、物事がうまくいくとは限らない。

だからこそ、民間企業に再就職するときは身元を明かさずに勝負する。過去の経歴は封印され、お抱えのキャリアコンサルタントに再就職支援のバックアップされ、面接を突破する知識やテクニックを授かる。

そう、この支援業務をおこなうキャリアコンサルタントこそが、私のもう1つの〝生き方〟である。現在は日本と台湾を活動の拠点として、さまざまな顧客のバックアップをしている。

本書はキャリアについて、あなたらしさを追求しながら最強のキャリアをつくり、就職戦線を突破するノウハウを凝縮した一冊である。内定を勝ち取ることは大切だが、大切にしたいのはキャリア、つまりは〝あなたらしい生き方〟を見つけることだ。

是非とも、諜報員の〝生き方〟を見て、就職活動の参考にしていただきたい。高校や大学から企業へ、アルバイトから正社員へ、企業から企業へと、幅広い就職戦線で役立つ戦略と戦術を提言したつもりである。

本書で述べる〝生き方〟のスキルは諜報員だけでなく、欧米の軍隊でも使用されている。

第二次世界大戦、朝鮮戦争、ベトナム戦争、イラク戦争、アフガニスタン紛争。新兵のキャリアから帰還兵の社会復帰キャリアまで、軍では今も様々なキャリア開発に取り組んできている。

ＦＢＩなどの機関でも、退職後に会社を自ら立ちあげ、オフィスにかつての身分証や賞状をかざっている連中もいる。

軍や警察などで知識と経験を積み、民間企業に自発的に転職する連中も数多くいる。彼らも間違いなく、本書で紹介するようなキャリア・スキルを積極的に活用している。

もちろん、彼らのケースでは民間企業への転職はさほど難しくない。軍や警察での知識や経験が企業の経営に大きく貢献することを、本人は自覚しているからだ。当然、雇用する側もそれを見込んで採用する。

但し、入社後のプレッシャーは、正体を隠して転職する課報員よりも重い。周囲からの期待が常にあるからだ。

ちなみに課報機関や軍隊を保有していない日本では、キャリアはどう捉えられているだろうか。残念ながら欧米とは異なり、キャリアに対する理解は十分ではない。もっとも終身雇用としての長期雇用システムが機能していた80年代には、職業相談や進路相談が存在していた。

しかし、〝生き方〟という概念はなきに等しかった。労働者のキャリアは、２００１年の「第7次職業能力開発基本計画」によって、本格的に考えられるようになった。

本書を読めば、あなたにとって役立つキャリアのつくり方のイロハが見えてくるはずだ。

是非、課報員たちの〝生き方〟を参考にしてもらいたい。そのバイブルとして、本書が少しでも役立てていただければ、私も嬉しい限りである。

国家資格　2級キャリアコンサルティング技能士　　毛利元貞

※注：本書で述べる「キャリアコンサルティング」とは、相談者の希望に応じて実施されるキャリアに関する相談とその他の支援をいう。また「キャリアコンサルタント」は「国家資格1級・2級キャリアコンサルティング技能士」「国家資格キャリアコンサルタント」、もしくは「ジョブ・カード作成アドバイザー」のいずれかの者をいう（13ページ参照）。

本書の使い方

〝キャリア〟の旅に出かける前に、本書の使い方を述べておく。

本書は、就職戦線を突破したいと願って、日々奮闘しているあなたのために書いたものだ。あなた自身の生き方を手に入れる方法の1つとして、少しでもお役に立てれば本望である。

諜報機関や軍の〝生き方〟のノウハウを、キャリアコンサルティングという視点から述べている。本書を読み進めることで、あなた自身の〝生き方〟を整理できるように構成してある。

一方では、諜報員や兵士のキャリアについて、究極の選択を迫られる者たちの〝生き方〟を知る読み物としても楽しめるだろう。そこから、あなた自身の〝生き方〟を振り返るのも方法の1つといえる。

では、ここで各章の内容を説明しておこう。

第1章では心得として、諜報員や兵士が熾烈な戦いを繰り広げた戦場、なかでも米国が関わった戦争からキャリアを学んでいく。そこから日本国内に視点を変えつつ、キャリアをつくるためにどう活用していくのかを述べる。

なぜ、米国を中心に述べるのか。

その理由は、米国が〝キャリア〟発祥の地だからだ。数々の戦争や紛争に翻弄され続けている米国は戦争に勝利し続けるため、諜報員や兵士の配置にも神経を使い、知識と経験を培ってきた。諜報員や兵士のキャリア、〝生き方〟がどのように当時決定されたのか。戦争とキャリアの関係を学びながら、あなた自身のキャリア選択に有益になる理論やヒントを、わかりやすく述べていく。もし、あなたが歴史やキャリア理論に興味がないときは、読み飛ばしても構わない。必要になれば、あとで戻ってくればよい。

第2章では原則として、最強キャリアをつくるための3つのキーワードを紹介する。「自己理解」、「職業理解」、「目標設定」だ。

己を知り、敵を知り、戦いに備えることは、戦争もビジネスも同じだ。就職戦線を突破するうえでも、同じ戦略と戦術が用いられる。

戦争では自前の部隊を駆使し、敵にどのような攻撃を仕掛けるかを考える。就職戦線でもあなた自分の強みややりがいを整理し、企業情報を把握したうえで採用試験に立ち向かうはずだ。

第3章は対策として、具体的な戦術レベルへと話を進める。なかでも、履歴書やエントリーシートといった応募書類の作成、そして面接対策で効果を発揮するロジカル思考やことばの使い方を重点的に見ていく。

ロジカル思考を活かすため、ところどころに演習形式での採用面接問答も入れておいた。敵地に潜入するための最終演習とみてもよいだろう。

これらはすべて、ほかの応募者との差別化を図るためだ。他の書籍やインターネットでも学べる内容よりも、あなた自身の優位性を高めていきたいと考えたからである。

そして、巻末には付録として日本語会話能力テスト（ACTFL-OPI）に学ぶ採用面接と、労働トラブルの予防と対処に向けたサバイバル・ガイドを掲載する。

このガイドには入社するまでのキャリアを生き延びるための基本項目をまとめておいた。仕事の選び方、内定、採用労働条件、試用期間、賃金と、気になる項目を厳選してある。

諜報機関や軍が用いる〝キャリア〟のノウハウは、多くがビジネスへと転用されている。本書をきっかけに彼らのスキルを模倣し、あなたなりの最強のキャリアを編み出して頂きたい。

キャリアコンサルティングとは

本書では、キャリアコンサルティングを「相談者の希望に応じて実施されるキャリアに関する相談とその他の支援」と定義したい。その一方で、〝生き方〟という解釈も用いる。

ちなみに厚生労働省の定義では、「労働者の職業の選択、生涯生活設計又は職業能力の開発及び向上に関する相談に応じ、助言又は指導を行うこと」とある。つまり、職業を重視した視点だ。

一方、文部科学省には、キャリア教育がある。具体的には、「将来、社会的・職業的に自立し、社会の中で自分の役割を果たしながら、自分らしい生き方を実践するための力」とされている。

さまざまな〝生き方〟を扱うキャリアコンサルティングは現在、3つの領域にわけることができる。

ひとつは、従業員の主体的なキャリア形成を積極的に支援する企業領域。次にジョブ・カード（134ページ参照）を用いた支援などをおこなうハローワークやミドル層のキャリア・チェンジなどを扱う人材・再就職支援会社などの需要調整領域。そして、生徒や学生のキャリア育成を手がける学校教育領域である。

異なる領域であっても、キャリアコンサルティングの基本は共通する。ここで一度、一般的なキャリアコンサルティングの流れを確認しておく。

個人相談のおおむねの流れと内容は通常、６つの流れでおこなわれることが多い。

①自己理解
②職業理解
③啓発的経験
④意思決定
⑤方策の実行
⑥適応

「自己理解」、「職業理解」、「啓発的経験」はセットとして用いられやすい。

まずあなた自身の適性、興味、能力などを適性検査を通じて、またキャリアコンサルタントとの対話を通じてはっきりさせる。あなた自身や職業経歴の棚卸しもおこなわれる。

あなたを取り巻く家庭や地域などの諸条件の見直しもおこなう。企業や労働市場の情報収集を通じて職業に対する理解を深め、あなた自身と職業を分析していく。

啓発的経験としては、職場見学やインターンシップなどの職業経験が挙げられる。頭だけで進路や就職を意思決定するのではなく、体験することによって新たな気づきや理解が深まっていく。

「意思決定」では、あなたのキャリア・プランを作成し、短期目標や中期目標を明確化していく。

本書では、自己理解、職業理解、目標設定の3つを軸にして話を進めているが、目標設定は理論的には意思決定に含まれる。

意思決定には目標を達成する、つまり就職に必要な職業訓練などの能力開発の検討も含まれる。職業訓練によって、就職に必要なスキルを事前に身につけるのである。

我が国の職業訓練は現在、「職業能力形成プログラム」と位置づけられ、雇用型訓練、委託型訓練（日本版、デュアルシステム）、公共職業訓練および求職者支援訓練にわけられている。これらの訓練は、134ページで取り上げるジョブ・カード制度と連動している部分も多い。

あなたが作成するキャリア・プランは理想ではなく、実現可能なものが求められる。実際の就職活動では、いつまでに就職を実現するのかという「就職目標時期」も重要となる。

「方策の実行」では、あなた自身が意思決定した内容の活動状況を把握することになる。必要に応じてキャリアコンサルタントと共に修正を加えつつ、具体的で肯定的な方法を用いた目標達成を目指していく。

「適応」では、本当に目標が達成されたのかを振り返る時期となる。就職後、新しい職場に本当に馴染めていけるのか、異動や昇進後に今までとは異なる立場や環境のなかで強みややりがいを発揮できるのかなど、あなた自身の適応性を今一度チェックしていく。

最後にあなたのキャリア支援をおこなう、キャリアコンサルタントについて述べておく。

国内のキャリアコンサルタントはレベル別に現在、「キャリア・コンサルティング技能士1級（指導レベル）」、「キャリア・コンサルティング技能士2級（熟練レベル）」、「キャリア・コンサルタント（民間・標準レベル）」という、3層のピラミッド構造となっている。

ただし、2016年4月以降は法律の改正に従い、キャリアコンサルタントは国家資格化される。従来の3層構造は変わらないが、現時点での標準レベル資格保持者を国家資格へと棚上げする予定である。今後は新制度試験に合格し、以前の資格保持者とともに「キャリアコンサルタント名簿」に登録された者だけが、「国家資格キャリアコンサルタント」を名乗れることになる。

5年間の登録更新制度とされ、更新のためには決められた時間の講習を受けることが義務付けられている。名称独占・守秘義務・信用失墜行為の禁止義務も規定されるため、今までよりも安心してあなたも「キャリアコンサルタント」に依頼しやすくなるだろう。

一方、ジョブ・カードの作成については、認定登録された「ジョブ・カード作成アドバイザー」が担当する。

もし、あなたが支援を受けたいと感じたときは、巻末に掲載する「キャリア・コンサルティング技能士の窓」もしくは「キャリア・コンサルネット」で検索してみるとよいだろう。きっと、自分に見合うキャリアコンサルタントを見つけられるはずである。

第1章

最強キャリアをつくる「10の心得」

心得01

キャリアは戦争から学べ

キャリアは、いつから注目されるようになったのだろうか。

その答えのひとつが、20世紀の戦場にある。

第一次世界大戦当時、各国は新兵の扱いに頭を悩ませていた。誰にどのような任務を与えるかを効率的に決定し、いち早く戦場へ送り出す必要があったからだ。

このときに用いられたのが、個人と職種をうまく合致させる選別法である。「丸い釘は丸い穴に」という考え方を使い、個人と職種の合理的な適合関係を利用した。

たとえば身体が丈夫な新兵は、歩兵部隊へ優先的に配属させる。射撃が巧ければ狙撃兵というような選抜である。新兵の感情は抜きにして、あくまでも合理的な推論による**"マッチング"**によって、振り分けていった。

特に米軍はマッチングを好んで使用した。

その理由として、マッチングが国内ですでに成果を挙げていたからである。

マッチング パーソンズ（次ページ参照）が、著書『職業の選択』のなかで発表した理論。人に個人差があるように、職業にも職業差がある。両者をうまくマッチングさせることが大事だ、という考え方。

産業革命以後の急速な工業化社会では、適性を考えない就業が後を絶たなかった。その結果、１年以内の離職が続き、生活苦から犯罪に手を染める人が出はじめた。

また、欧州からの移民対策もあった。次々に流入する移民の特徴に合う仕事を、政府は速やかに見つける必要に迫られていた。ここでマッチングが使用されたのである。

このマッチングは、「職業指導の祖」と呼ばれる**パーソンズ**（Frank Parsons）が提唱したとされ、「単に仕事を見つけるのではなく、職業を選択するのが望ましい」という考えを基本としている。

以後、マッチングは第一世界大戦をきっかけにして、全世界に広まった。興味や能力を基にして、もっとも見合った任務を与える、という手法として標準化されたのである。

その後もマッチングは進化を続ける。

第二次世界大戦では、数多く心理学者が軍や諜報機関に協力した。高度で複雑化した手法で志願者を評価し、より合理的な適材適所を目指した。

その一方で、マッチングとは異なる手法も開発された。

たとえばヒトと、軍および戦場という環境の相互作用によって、優秀な兵士ができあがる、という考えがある。米陸軍に従軍していた心理学者**ホランド**（Johon L. Holland）

パーソンズ　フランク・パーソンズ。アメリカの社会革命運動家。ボストンで職業相談所を開設。**ホランド**　ジョン・L・ホランド。アメリカの心理学者。ホランド理論として知られるRIASEC（P84参照）の提唱者。

は、ヒトと環境の相互関係について注目していた。

彼の理論は第二次世界大戦以後、適材適所の考え方を大きく進化させる。ヒトと環境の調和を、現実的、研究的、芸術的、社会的、企業的、慣習的の6つのタイプに分類した。

ヒトは個人の特性と環境との相互作用の結果からできあがる、というのがホランドの考え方である。ヒトのパーソナリティは6つに区分され、生活する環境も同じく6つと捉え、この相互作用こそがより安定した職業選択と適応をもたらすとした（84ページ参照）。

このホランドの理論は職業への興味と心理的傾向を測定する「VPI職業興味検査」として現在、日本でも使用されている。

第二次世界大戦当時は陸軍だけでなく、米空軍にもレジェンドがいた。空軍乗務員の選抜や空軍病院での心理支援に携わった**スーパー**（Donald E. Super）である。

スーパーは、マッチングに自己概念という新たな視点を導入した。「自分自身と置かれた環境について、本人がどのように解釈し、また意味づけしているのか」と説いたのである。

スーパー　ドナルド・E・スーパー。アメリカのキャリア研究者。キャリアは生涯にわたって変化すると主張し、ライフ・キャリア・レインボー（P105参照）を発表した。

キャリアは複雑なプロセスであるため、本人がどう考え、いかに感じるかが大切となる。そのうえで他人や環境との相互作用が起こるため、本人自身の周囲への適応力が要求されるとした。

自分の〝生き方〟は必ず見つかる

本項目で取り上げるキャリアの考え方は、どれも古典的なものだ。

丸い釘は丸い穴に入れるのか、ヒトと環境の相互作用なのか、それとも自分がどう考え、感じるのか。

ものは考え方次第である。あなた自身が就職戦線を突破するための第一歩は、自分に適した〝生き方〟を見つけることだ。

どの方法があなたに向いているのか。私がここで断言することは難しい。なぜなら、答えを知っているのはあなただからだ。あなた自身がもっとも適していると感じる方法を選ぶのが、もっとも良いのである。

キャリアの考え方は、前述の３つだけとは限らない。他にもさまざまな手法が存在し、

MEMO

それらの中にあなた自身に適したものが見つかる可能性も十分にある。
あなた自身のキャリア、つまり〝生き方〟を決める方法は1つではない。納得がいく方法を見つけだし、そのうえで進みたい方向を考えるのが望ましい。

MEMO

心得02
キャリアは自らつくりだせ

第二次世界大戦後、米国では新たなキャリアの模索が始まった。なぜなら、大量の復員兵が社会に復帰したからである。政府も、彼らの雇用を確保する必要に迫われた。

この状況に対応するため、政府は１９４４年６月「復員兵援護法」を制定。社会復帰の訓練と教育の資金提供を行い、大学進学の学費や生活費を肩代わりする、という制度を打ち出した。

国家への献身を称えられた復員兵たちには、就労サービス、失業保険、住宅ローンの補助が与えられた。至り尽くせりの状況といえたが、ここで問題となったのがキャリアだった。

自分にふさわしい〝生き方〟とはなにか。

実現するためには、大学で何を専攻すればよいのか。

MEMO

何がやりたいのか。

日々戦闘に明け暮れていた復員兵の多くには、まったく見当がつかなかったのである。そこでキャリア支援が実行された。ホランドやスーパーのような人物が、復員兵のキャリア支援に乗り出したのである。

結果として、終戦の翌年には約100万人の復員兵が大学へ入学した。屈強な復員兵は、仕事につく下準備として大学で学び、しかも一般学生の成績を上回る結果を挙げていった。

しかし、世の中は平和にならなかった。米国と旧ソ連の対立を背景とした朝鮮戦争が1950年に勃発。米国は再び、国連軍という名の下で、朝鮮半島に軍隊を出動させなくてはいけなくなった。

朝鮮戦争は数年で終結するが、ここでも問題が起こった。捕虜復員兵のキャリアである。北朝鮮の収容所に収監されていた米兵は生きる動機を失い、洗脳され、「自分は共産主義者である」と宣言する者までいた。

そうした彼らの社会復帰は、容易ではなかった。この洗脳や教化に関する研究を当時、米国陸軍で担っていたのが**シャイン**（Edgar H. Schein）である。シャインは今でこそ、

シャイン　エドガー・H・シャイン。アメリカの心理学者。キャリアアンカー理論を提唱。現マサチューセッツ工科大学スローン校経済学部名誉教授。

組織心理学のパイオニアとして世界中で知られている。

シャインは捕虜復員兵の研究を基にして、経営学の視点から組織員が会社の価値にどのように染まるかを探求した。その後、組織員個々の視点から、キャリアを論じるようになる。

その研究はやがて、「キャリア・アンカー」という概念へと至る。

・私は〜が得意である
・私は〜によって動機づけされる
・〜をやっている自分が充実している

これら3つの問いを自問自答することで、自己イメージを持てるようになる。

キャリア・アンカーがはっきりするほど、仕事とのマッチングがおこないやすくなる。

そこへ仕事に関する職務や役割の十分な理解が加わるほど、現実的な仕事が成立するというわけである。

キャリア・アンカーを使いつつ、実際に実現させていくことを、シャインは「キャリ

MEMO

ア・サバイバル」と呼んでいる。これは、現実の社会でどう生き残るかという概念を示している。

現在、イラクやアフガニスタン帰還兵たちに、このキャリア・サバイバルが必要となっている。自分の能力を一般社会でどう使えばよいか、何をしたらよいのかがわからないという苦悩を抱えているからだ。

自己イメージを持って生き残れ

シャインの考えで述べると、大切なのは自分自身のキャリア・アンカーの明確化と職務・役割を十分に分析することでなる。

あなたが望む方向性へと、それらを柔軟に修正していくのが望ましい。

キャリアは変化する。あなたと組織や職務の相互作用が起こるほど、何が得意なのか、何をやりたいのか、何が充実しているのか、あなた自身の価値観ははっきりしていく。

あなたに一貫性がなく、仕事も長続きしない、そんな中途半端なキャリアを歩んできたとする。それでも、進むべき方向は見えてくる。独自のパターンが必ず隠れているか

MEMO

らだ。

自己イメージに気づくことで、あなた自身の今後のキャリア構築は変化する。ポジティブなサバイバルも可能なのである。

ちなみにアンカーとは、直訳すると船の錨である。船の錨は、船をつなぎつめるために存在する。

キャリア・アンカーはそれをイメージしている。周囲に翻弄されることなく、あなた自身が揺らがない判断基準を持つこと。そして時には自分を外から眺めて、サバイバルする。このくりかえしが大切である。

■キャリア・アンカーとキャリア・サバイバル

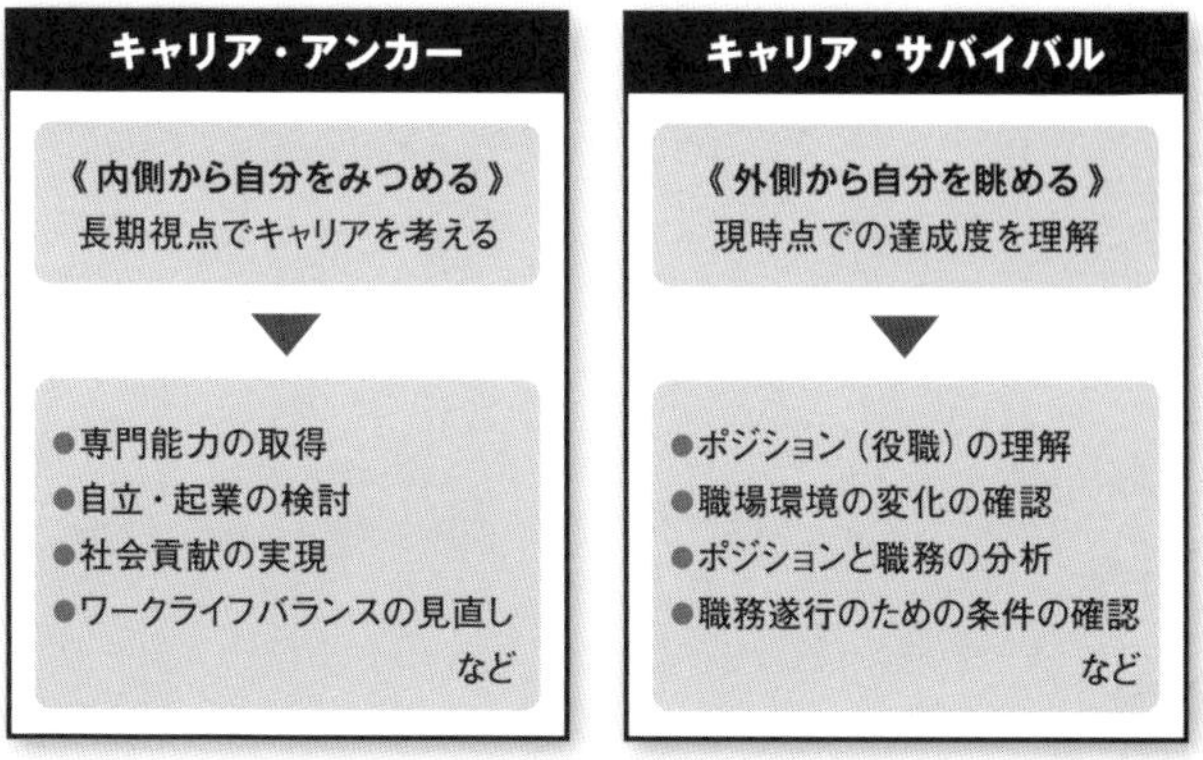

心得03

将来を見極め、決断せよ

朝鮮戦争以後、世界は核の脅威に脅かされた。米国中心の資本主義国家とソビエト連邦（当時）中心の社会主義国家の対立が激化し、両陣営間で核兵器による軍備拡張がおこなわれた。

冷たい軍拡競争が続く中、ソビエト連邦は人類史上初の試みを成功させた。スプートニク人工衛星を地球の軌道上に打ち上げたのだ。以後、軍拡競争は宇宙へと広がった。

このスプートニクの打上げに、米国は恐怖する。自国の科学技術が世界最先端でなかった現実を突きつけられただけでなく、国内全土がソビエト連邦の核の脅威にさらされたからである。

この事態に対応すべく、当時のケネディ大統領はNASA航空宇宙局を創設。急ピッチで月面有人着陸を成功させるべく、アポロ計画を始動させた。

しかし、アポロ計画を成功させるためには、有能な人材がすぐに必要であった。そこ

MEMO

で過去の戦争で培ったキャリア理論を駆使し、優秀な人材を高校や大学で集めはじめた。

この冷戦に打ち勝つため、米国は世界各地に諜報員を派遣し、ソビエト連邦の動向も探った。同時に国内に潜む敵国諜報員の摘発にも全力を注いだ。

こうした任務の多くは、諜報機関や連邦機関に委ねられた。ＣＩＡ中央情報局やＦＢＩ連邦捜査局が諜報や防諜任務に赴いたが、実行するためには適切な人材を選抜育成する必要があった。

さらには不安定な国際情勢が災いし、東南アジアで新たな火種が勃発。北ベトナムと背後に控えるソビエト連邦の勢力拡散を防ぐため、米軍は南ベトナムへの軍事介入にふみきった。

当初、現地には特殊部隊が派遣されたが、戦火は拡大する。結果的に泥沼化し、終結まで10年以上の歳月が費やされた。

このベトナム戦争においても、さまざまな諜報員や特殊部隊員が現地で暗躍した。ここでも誰にどのような任務を任せるのか、最適な人材を確保するのか、といったキャリアの問題があった。

そんな激動の時代、１９７０年代によく使われたキャリア理論を見てみよう。第二次

MEMO

世界大戦で使われた方法に加えて、異なるキャリア理論が使用されはじめた。

その一例が、「意思決定」という理論である。簡単に述べると、目標を決める、情報収集する、選択肢を並べる、それぞれのメリットとデメリットを考える、最適な結果を選ぶ、といった手法だ。

意思決定は本来、経済学や数学がもとになっている。経営戦略や軍事戦略を考える手法として、十分に応用できるものだ。

自分の可能性を最大限に活かすこと。これが、意思決定の基本である。個々が自立的な言動ができるほど、自分の意思で動けるため、モチベーションが高まる。よって達成意欲は高まる、という考え方が基本とされる。

意思決定による選抜には、諜報機関や軍に大きな利点がある。

諜報員が自らの意思で危険な任務を引き受けるのであれば、上層部は裏切りや亡命など、余計な心配をせずに済む。

MEMO

選択肢を分析し、道を切り開け

意思決定理論では、結果を考えるという点が他の手法と異なる。複数の選択肢を吟味し、どのような結果が起こりえるのかを事前に予測し、本人自身が自らの価値観と照合して判断を下す。

たとえば、正社員になるのか、契約社員の道を選ぶのか。２つの選択肢があるとき、あなたはどちらのキャリアを選ぶだろうか。

安定した雇用を希望するのであれば、正社員が適しているし、自分の時間を優先したいときは契約社員が合っているかもしれない。

しかし、この判断は正しいだろうか。それぞれの選択肢のメリットとデメリットを洗い出し、比較検討することが大切だ。また、他にも選択肢があるかもしれない。

考えつくすべての選択肢を書き出し、メリットとデメリットを分析してみるだけでも主観的な思い込みは打破され、客観的かつロジカルな判断が可能となる。慎重に判断が下せる利点があるため、ミスマッチも起きにくくなる。

MEMO

心得 04

成功体験をキャリアに活かせ

戦争は諜報員や兵士の〝生き方〟、つまりキャリアを進化させる。諜報機関や軍は敵に勝利することを考え、新たなキャリア理論を次々に投入していった。

その一例として紹介するのが「学習理論」である。あなたが知っておいても決して損はない。

この理論はベトナム戦争当時、諜報員や兵士のキャリア教育に大々的に用いられた。それは軍隊だからこそ許される、「ヒトを殺す」という〝生き方〟である。

本来、ヒトはヒトを殺せない生き物である。第二次世界大戦における歩兵の発砲率は、20%弱しかなかった。朝鮮戦争でも55%弱であった。

しかし、ベトナム戦争では90%を超えるまでに至っている。10代の若者が躊躇せず、敵兵に向けて自動小銃の銃口を向け、引き金を引いているのである。

この発砲率を高めたのが、学習理論である。わずか数カ月のトレーニングで、敵に銃

MEMO

口を向けて引き金を引ける〝生き方〟を若者にプログラミングしたのだ。

学習理論は、直接経験と観察学習から成り立っている。

直接経験とは、条件づけを意味する。諜報員や兵士が躊躇せず、反射的な発砲ができるように心身をプログラムさせることだ。

射撃訓練では、物陰から飛び出すヒト型標的が利用される。彼らはひたすら、次々に出現する標的への発砲を繰り返す。命中すると標的は倒れるため、射手はその場で手ごたえを体感できる。

命中率が高いほど、指導教官から褒められ、さまざまな報酬が与えられる。一方、命中率が低ければ、罵声を浴びせられ、懲罰が待ち受けている。

このような状況が続くほど、感覚が麻痺しはじめる。ヒトを殺すという罪悪感は薄まっていき、戦場でも「私が撃っているのはヒトではなく、標的である」という考えが強化されていく。

では、観察学習はどのようなものだろうか。

わかりやすく言えば、他人の行動を観察し、真似ることである。

たとえば、射撃があなたよりも巧いライバルがいるとする。褒められるのはいつも彼

MEMO

で、あなたは怒鳴られるだけだ。彼を抜きたいという思いが強いとき、観察学習が効果を発揮する。

ライバルを観察し、技を盗むのだ。自分と違うところに注目し、モデリングしてみる。モデリングとは実際にライバルの動きを真似しつつ、動きの違いを心身で感じ取ることだ。

この学習理論を使いこなすには、本人の自己効力感が重要なカギとなる。「自分はうまくできる」と自分に言い聞かせられる意欲が問われる。

つまりは、やる気だ。

一度でも褒められたことは成功体験として、ポジティブな記憶に残りやすい。一度でも達成できたことは自信となり、やりがいを感じるようになっていく。

観察学習のモデリングも同じことがいえる。自分も上達できると期待を込め、他人を真似することによって、多くのヒントが得られる。

MEMO

学びを活かして、自分を高めろ

成功体験から学ぶか、それとも失敗体験か。その方法は２つある。

学習理論では、成功体験から学ぶことがその基本となる。

なぜなら、成功体験は自分ができている部分だからだ。つまり、事実に基づいた自信が持てやすいのである。

失敗体験を分析し、〝二度と同じ失敗は繰り返さないぞ！〟と誓うキャリアの考え方もある。

マイナス点に着目する考え方は間違いではないが、なにかと失敗を意識し過ぎるようになる。不安や心配が強化され、結果的に同じ失敗を繰り返しやすくなる危険がある。

また、学習効果の即効性という意味では、直接経験よりも観察学習のほうが有利でもある。

学習効果が確認できるまでは時間がかかるが、自分自身にマッチしているか否の判断が速やかにできる。効果があれば継続すればよいし、あわなければすぐに新しいモデルを探せばよい。

MEMO

心得 05

経験を活かしてキャリアを掴め

1960年代の宇宙開発以後、米国経済は次第に活性化された。東西冷戦を背景にした年間国防費も増加し、**軍産複合体**は一気に成長。永続的な軍事需要を生み出していった。

しかし、ベトナム戦争をきっかけに流れが一転した。ベトナムからの敗退は国民にショックを与えた。政治的勝利すら得られなかったため、戦争への拒否反応も一気に増長した。

その煽りを食らったのが、ベトナム帰還兵たちであった。国のために戦った彼らは「赤ん坊殺し」と罵声を浴びせられ、故郷で酷い扱いを受けることになる。

もちろん、帰還兵の社会再適応は施された。第二次世界大戦当時と同じく、多種多様の社会保障サービスを受けられる体制が整備された。

しかし、ここでも問題があった。サービスの多くは、帰還兵に焦点を当てたものでは

軍産複合体　Military-industrial complex　戦争によって利益を得る政治的、経済的集団。おもにアメリカにおける国防総省と軍需産業を中心とした企業の関係を指す場合が多い。

なかったのだ。取り組まれたのは「帰還兵が抱える社会復帰問題」だった。

社会復帰問題とは、戦場での激烈な経験から生じるさまざまな精神疾患問題、そこから生じる社会不順応問題、ホームレス化問題、アルコール依存問題、帰還兵による暴力問題などである。

こうした問題ばかりがクローズアップされ、問題を抱えるベトナム帰還兵の存在は忘れがちになっていた。

そこで「社会復帰問題」ではなく、「社会復帰問題を抱える帰還兵」を支援するという、新たなキャリアの考え方が始まる。このキャリア理論のなかには、戦後の不況に喘ぐ国内の失業者対策に活用できる部分もあった。

その具体的な理論の1つに、「転機」を注目する方法があった。転機とは、自分自身の役割、人間関係、考え方などを変えてしまう出来事を示す。

ベトナムの水田やジャングルで戦った米軍兵士にとっての転機は、まさに戦闘体験である。なかでも戦友の死は、もっとも心身ともに衝撃を受けた出来事となる。

生き残った兵士の多くは嘆き苦しみ、混乱に見舞われた。仲間の死を受け入れることができず、自分だけが生き残ったことへの罪悪感に襲われて、**心的外傷後ストレス障害**

心的外傷後ストレス障害　Post Traumatic Stress Disorder　戦争体験や震災など、強い精神的ストレスを受けたことが原因で、心身に支障をきたし、社会生活が困難になる症状。

（PTSD）を発症する兵士もいた。

この混乱は、どのように乗り越えればよいのだろうか。

酷ではあるが、悲嘆の出来事をしっかりと見定め、自分自身で受けとめるしかない。自らの力で立ち向かうことができてこそ、深いトラウマを受容し、新たなキャリアを歩めるようになれる。

現在であれば、周囲の支援を使った回復は可能である。

しかし、当時は兵士たちに向けた心理カウンセリングやキャリアコンサルティングが整っていたとは言い難い。存在していても、多くの兵士は〝弱者の刻印を押される〟と思い込み、頼ろうとはしなかった。

では、転機がやってきたときはどのように対処していけばよいのだろうか。

その1つの方法として、4Sが広く知られている。

SはそれぞれSituation（状況）、Self（自己）、Support（周囲の援助）、Strategies（戦略）を意味する。

それぞれのSを自ら点検し、活用できる資源と脆弱な資源を判断していく。弱点は補強すれば、状況そのものは変化できなくても、自らの意思で納得したうえで関わり方を

MEMO

変化させられようになる。

自分で見つけられないときであっても、キャリアコンサルタントとの協働作業で見つけることができる。

現実を受けとめ、乗り越えろ

具体的に４Sは、どう使えばよいのだろうか。

Situation（状況）は、転機の原因、コントロールできる範囲などを意味する。窮地にどこまで自分が耐えられるか、過去の同様な経験の有無による経験の違いも含まれる。

Self（自己）は、あなた自身のストレス対応状態を示す。状況判断力、問題解決力、やる気や価値観なども該当する。

Support（周囲の資源）は、あなたの気持ちを満たし、行動をサポートしてくれる周囲の人々の存在などを意味する。

Strategies（戦略）は、もっとも効果的な戦略を使うことである。状況、自己、周囲の資源と共に柔軟に選択する。

MEMO

この4Sは、特殊作戦のプロセスとも似ている。敵状を観察し、入手した情報を基にして、使える資源を最大限に活かしながら、もっとも成功率が高い戦略を策定していく。
あなたにも4Sは使える。就職戦線を突破する計画を4Sで点検することで、より自信に満ちた戦いができるようになる。

MEMO

心得 06

対人関係を活かして生き延びろ

戦争が起こるたび、兵士のキャリアは変化する。彼らの意思だけにとどまらず、社会環境や対人関係が彼らの〝生き方〟を大きく変えていった。

では、諜報員の〝生き方〟はどうだったのだろうか。歴史の表舞台には登場してこない彼らのキャリアに、焦点をあててみよう。

ベトナム戦争後、米国では反戦ムードが一気に高まった。不況の波も吹き荒れ、企業の業績は悪化し、安定した雇用を保つことができない企業が続出した。

終身雇用制は崩壊し、短期的な雇用が当たり前の社会へと変わった。この新たな雇用形態では、企業への貢献と利益を短期で達成できる労働者の雇用を重視するという特徴があった。

このパラダイムシフトは、諜報機関にも影響を与えた。諜報員たちには限られた予算の中で最大の成果をあげることが要求され、組織への貢献と利益重視への流れが避けら

MEMO

れなくなった。

成果主義が導入されるほど、今までとは違った〝生き方〟が必要となる。自分がおかれた環境や対人関係に配慮しつつも能力を発揮し、自分の意思で変幻自在に組織のなかで生き延びるキャリアが求められはじめた。

こうしたキャリアの考え方の1つに、「プロティアン・キャリア」がある。プロティアンとは、ギリシャ神話のプロテウスから名づけられたものだ。

プロテウスは予言の力を持ち、何にでも変身できる海神である。予言を聞くためには、プロテウスの昼寝中に捕獲するしかなかった。それでもプロテウスは捕獲者が心を乱すものに次々に変化して難を逃れていった、という神話だ。

この海神から学べることは、何だろうか。

それは、「変化できてこそ、生き延びられる」という教訓である。現実社会では能力が発揮できない者はリストラされるか、左遷されるかという恐怖に支配されやすい。

本来、諜報員はプロメテウスでなくてはならない。怪しまれず、敵の目を欺き、任務にあたらなければ、任務は失敗する。

プロティアン・キャリアを使うには、2つの能力が求められる。

成果主義　仕事の結果のみで、給与の上下や昇降格が判断される人事形態。日本では90年代のバブル崩壊以降、従来の「年功序列主義」に代わって導入され始めたが、欠点も多く指摘され、企業の模索が続いている。

1つはアイデンティティである。

アイデンティティとは、「自分は何がしたいのか、私は組織のために何をすべきなのか」を自らが考え、自信と確信を持つことだ。

もう1つの能力は、アダプタビリティだ。

アダプタビリティとは環境への適応について、自分自身のモチベーションを保ちつつどれだけ場に適応できるか、という能力である。

この2つの能力をわかりやすく述べると、自らの自尊心を高めることに尽きる。「自分は価値のある人間であると信じ込み、それに見合った行動をとること」となる。

もちろん、自尊心を高めるには事前のトレーニングが必要だ。キャリアコンサルティングを通じて、自分の強みを見つけることもできよう。

大切なのは、自分自身のアイデンティティを模索し、周囲からの要求にも率先的かつ効率的に反応していくことである。自分自身の気持ちを大切にしながら、対人関係や環境との適合がゴールとなる。

MEMO

対人関係を活かしてキャリアを歩め

他人との関係を大切することは、周囲からの信頼につながる。敵地で周囲の目を欺きながら暮らす諜報員にとっては、最も適した〝生き方〟ではないだろうか。

そのためには、自らの感情をうまく抑制する必要がある。本音では付き合いたくない相手であっても、社会生活では笑顔で友好関係をアピールしなくてはならないことも要求される。

日本では最近、「自律的キャリア」の重要性が叫ばれている。

たとえば、3年から5年を1つの周期としてどのような仕事をしていくのか、対人関係や仕事から何を学ぶか、自分に使える資源を最大限にいかに活用するか、などに思考を巡らして行動する〝生き方〟のことである。

このトレーニングとしては、たとえばメンタリングが効力を発揮する。従業員のキャリアを真剣に考えている日本企業では、すでに導入が行われている。

メンタリングでは、経験豊富な年長者が未熟な若者をサポートしていく。先輩諸氏の支援によって、新入社員に自律的キャリアの第一歩を踏み出させるのである。

MEMO

心得07
適性にこだわらずに生きろ

戦争が繰り返されるほど、軍事技術も革新されていく。

その証拠として、戦いに勝利するべく、米軍は有能な兵士の選択を続けてきた。

その1つが「適性検査」だ。兵士の適性に合わせて任務を割り当てれば、大規模での的確な作戦の実行すら可能になると彼らは考えた。

かつて第一次世界大戦では、米軍は170万人もの志願兵の知能検査をおこなった。英語を母国語とする志願兵にはα式検査を、英語を第二言語とする移民などの志願者にはβ検査をそれぞれ使った。

第二次世界大戦では「陸軍一般分類検査（Army General Classification Test）」を実施。また、戦場で訴える兵士の情緒障害を予防する目的で「**ミネソタ多面人格検査**（Minnesota Multiphasic Personality Inventory）」も用いている。

これらの検査は当初、紙とエンピツを使った質問紙法として投入された。

ミネソタ多面人格検査　ミネソタ多面人格目録とも。1943年にミネソタ大学病院で開発。550の質問項目で構成され、「はい」「いいえ」「どちらでもない」で答える。

しかし、時代と技術革新によってコンピュータ化が進み、インターネットの登場が適性検査の方向を180度変えた。今では膨大なデータベースの情報を瞬時に検索し、感情を抜きにした合理的な〝生き方〟をディスプレイ画面上で決められるようになった。

ここで疑問が生じる。

合理的なキャリア決定は、本人にとって幸せなものなのか、感情とのバランスは取れているのか、本当に納得できているものなのか、という問いである。

諜報員にも兵士にも、家族がいる。

つまり、祖国に忠誠を誓う戦士としてのアイデンティティだけで適性を見るのは正しいのか、ということである。彼らにも夫や父親としてのアイデンティティ、その役割を検討すべきではないのか、というわけだ。

職務と家庭やプライベートの両立という、ワークライフバランスがうまく保てなければ、彼らの心の中で何が起こるだろうか。

バランスが崩れれば、精神状態が不安定となる。自分自身でコントロールできず、うつ状態に陥ることもあれば、自他を傷つける過剰な暴力行為に及びやすくなる。

実際、現在もイラクやアフガニスタン帰還兵には多くの問題が発生している。現実か

MEMO

ら目を背けるため、戦場へ何度も戻る者もいれば、拳銃を自らの額に当てて引き金を引いてしまう者が続出している。

諜報員や兵士の職務は、常に危険と隣り合わせだ。心身ともに磨耗していく。だからこそ、新たな〝生き方〟が模索されることになった。

その方法の１つとして、異なるキャリア理論を紹介しておく。**ハンセン**（L. Sunny Hansen）が提唱する「統合的生涯人生（Integrative Life Planning）」という考え方だ。

ハンセンは古典的な「丸い釘は丸い穴へ」的視点は否定せず、仕事、家庭と子育て、学習、余暇の４つの役割を大切とするという考え方を説いた。

つまりは個人としての視点だけでなく、地域社会を超え、グローバルな視点を持つことが重要なのである。それも世界規模から、自分が何をおこなうべきかを考えていく。

視野を広げて、キャリアを活かせ

あなたにとって、ハンセンの唱える「統合的生涯人生」は壮大な話かもしれない。

この理論では６つのテーマが提示されている。

ハンセン　L・サニー・ハンセン。アメリカのカウンセリング心理学者。ミネソタ大学名誉教授。1997年に『統合的人生設計』を著し、「ライフキャリア」を提唱した。

・自分に合う仕事を探すのではなく、グルーバルな問題を解決できるように
　創造性を働かせて仕事に取り組むこと。
・自分の人生を、意味がある全体像の中に織り込んでいくこと。
・従来の役割や人間関係を超えて、家族と仕事を結ぶこと。
・個々の違いを認識し、多元性と包括性を大切にすること。
・個人の転機だけでなく、組織の変化の担い手にもなること。
・人生の目的や意味を探求すること。

地球規模で状況を捉えつつ、あなた自身の〝生き方〟をしっかりと組み合わせていく。そこでよりわかりやすくするため、さまざまな布を縫い合わせて大きな布にする「キルト」が例えとしてよく用いられる。

自分自身の役割とゴールをイメージし、まとめあげていく。どのように社会と関われぱよいのか、その場所はどこにあるのかなどについて、今までの思考の枠を外してみる。そこから物事を見ることで、気づきがうまれる。

MEMO

心得08

自分のストーリーを生きろ

ここで、近年注目されている〝生き方〟についても触れておこう。

始まりは１９８９年にさかのぼる。

東ヨーロッパでは民主化が叫ばれ、次々と社会主義が放棄された。東西冷戦の象徴と呼ばれた「ベルリンの壁」も、市民の手によって破壊された。

同年、地中海のマルタ島に米国ブッシュ大統領とソ連のゴルバチョフ書記長が会すると、東西冷戦の終結を宣言した。俗に呼ばれる「マルタ会談」である。

以後、世界は米国一極化となった。中国の成長やヨーロッパのＥＵ拡大が注目される一方、世界は依然米国を中心に変化している。

軍事作戦も、米国主体でおこなわれている。マスコミ報道でクローズアップされがちなイラクやアフガニスタン以外でも、米国は世界中の友好国の支援やテロ掃討作戦に乗り出している。

MEMO

これらの戦いは本来、軍や諜報機関がおこなうのが慣例であった。

しかし、世界規模で作戦を遂行すると、次第に人材資源の限界が生じてきた。

そこで米国はこの人手不足を解消するべく、**民間軍事会社**（Private Military Company）に任務を請負わせた。つまり、戦争のビジネス化に踏み切ったのである。

民間軍事会社の経営陣は、主として元特殊部隊隊員だ。組織員も同じである。彼らは利益向上のため、そして有能な人材を確保するため、昔のツテを使うと諜報機関や軍から人材の引き抜きをおこなった。

これにより、戦場での需要と供給の構図、そして雇用形態が一気に変わった。軍への忠誠心や人材の流出防止に用意された報奨金を選ぶ者、高額の給料や自由に惹かれて転職する者の二極化が起きた。

確かに民間軍事会社への転職は魅力的だ。得意な能力やスキルを最大限に活かすことができるし、規律に縛られることもない。仕事と家庭やプライベートの両立もしやすくなる。

とはいえ、目の前の価値観や目先の報酬に釣られ、それだけで〝生き方〟を変えるのは危険である。戦場という変動が激しい市場では、長期の需要があってこそ、彼らの生

民間軍事会社　戦闘・要人警護・施設警備・軍事教育など、軍事的なサービスを国家などに提供する企業。2008年に公的な略称としてPMSC（private military and security company）が規定された。

活は安定するからだ。

どちらの道を選ぶかは、本人の自由ではある。

間違ったキャリアの選択は避けたい、と誰もが考える。有能な諜報員や兵士は古典的なキャリア理論を使って、キャリアを探っていった。

そんなとき、より効果的な方法が使われはじめた。

それが自分の〝生き方〟をストーリー化することである。過去の職業経験や現在の経験を今一度振り返る。今までの〝生き方〟から、自分自身の考え、欲求、価値観などを洗い出していく方法は「ナラティブ・アプローチ」と呼ばれた。

あなた自身のストーリーを語ることで、将来の〝生き方〟が描けるようになる。自分は何のために行動してきたのか、行動する意味はなにか、これからの自分や他人のために何に取り組めばよいのかを明確にしていく。

過去があるから、現在がある。現在があるから、続くその先に未来がある。自分自身の自叙伝を語ることによって、現実と未来像は強まり、働く意義やこだわりが見えてくる。

このナラティブ・アプローチは現在、新しい〝生き方〟としてキャリアコンサルティ

MEMO

ングでも注目されている。

自分の物語を見つけろ

この理論が唱え始められたのは、21世紀に入ってからである。

以前は「丸い釘は丸い穴に」という適性からヒトを判断するのが主体だった。そこから、個人の能力開発を〝生き方〟と見なす傾向へと変化した。

それが今、自分らしさを振り返る、新たな〝生き方〟となっている。

あなたも例外ではない。

就職戦線を突破するために邪魔な不確実性と不安を打ち消すため、自らの〝生き方〟の物語を作ることは大切である。今まで気づかなかったあなた自身に出会えることだろう。

あなたは子どもの頃、どんな人物に憧れただろうか、どんな本やテレビ番組、そして映画が好きだっただろうか、好きな格言はなんだろうか。幼少期の最初の思い出はなんだろうか。

MEMO

自叙伝を作成してみよう。

今の自分に向けて一貫性と継続性のある〝何か〟を見つけよう。それが見えれば、どのような方向に進めばよいのか、何を信じて動けばよいのか、という答えが導き出せていく。

MEMO

心得09

不況の荒波を乗り越えろ

ここからキャリアの視点を、国内へと変えていく。

第二次世界大戦に敗れた私たちの先輩諸氏は、どのような〝生き方〟をしてきたのだろうか。ここを語らずして、本書は先に進めることができない。

敗戦後、日本軍部は解体された。各地の前線から本土に引き揚げてきた復員兵たちの多くは、地元に帰農する。

地元の大企業は彼らを快く再雇用するが、次第に雇用過剰に陥っていく。戦後の荒れた日本では、十分な仕事がなかったからだ。

しかし、そんな彼らを朝鮮戦争特需が救った。在韓・在日米軍は日本に対して、大量の物資製造を発注した。

米軍は朝鮮半島に展開するが、一方では日本の防衛・治安維持兵力が手薄になる危険があった。そこで米軍は、日本政府に「警察予備隊」の創設を許可することになる。

MEMO

警察予備隊には当初、軽装備の治安維持部隊としての役割が与えられた。装備は、カービン銃やジープなどの軽武装だけであった。

警察予備隊はその後、国内保安を目的とする「保安隊」に改変。その後、１９５４年の日米相互防衛援助協定によって、その任務は自衛隊に引き継がれた。

こうした国内の流れから、米国のようなキャリア理論を紐解くのは難しい。米軍のように戦争を通じて、キャリア理論を発達させる機会がなかったからである。

当時の国内産業の視点から、体系的なキャリアを論じるのも困難だった。朝鮮戦争の停戦後、国内の景気後退が再び始まり、変動のさなかにあった。

とはいえ、日本ならではの変化は起きていた。大手企業での人員整理に対して、労働組合が労働争議を起こして抵抗し、日本型雇用慣行がスタートしたからである。

日本型雇用慣行とは、長期雇用システムを意味する。一般的に、終身雇用、年功序列、企業内労働組合の3点セットが挙げられる。

キャリア的な考え方をすれば、当時の日本ではこの3点セットこそが〝生き方〟だったのかもしれない。少なくとも労使関係は保たれ、労働者も安定した生活が送れていたからだ。

MEMO

その後、日本経済はベトナム戦争特需にも後押しされる。米軍が介入する戦争の影響を受けつつ、日本は戦後高度成長を遂げた。

しかし70年代以降、不況による雇用調整がまたもや始まる。伝統的な雇用制度は次第に崩壊。終身雇用から短期契約雇用へ、年功賃金から能力・業績重視賃金へと、国内雇用形態は米国化していくことになる。

さらには１９９０年代に入り、日本は**「失われた20年」**に突入。多数の銀行や証券会社が次々に破綻し、世界同時不況に巻き込まれて混乱した。

かつての日本では、個人のキャリアはあまり関心が持たれてこなかった。長期雇用システムの影響を受けた〝生き方〟が中心とされ、個の成長という〝生き方〟を優先的に考える必要性はなかったのである。

生き方は自分で決めろ

時代の変化とともに、国内雇用のあり方は変化を続けてきた。もはや誰もが安心したまま、定年まで雇用され続ける時代ではなくなった。倒産する会社も後を絶たない。

「失われた20年」　おもに1990年代初頭のいわゆる「バブル崩壊」後、20年以上にわたって続いた日本経済の停滞を指す。

働く者には能力や成果主義が問われ、結果が求められる市場競争が激化している。

一方、企業も生き残るための施策を取らざるを得なくなってきている。コストがかからない非正規労働者を企業は多く雇用する反面、使えない人材を容赦なく切り捨てていく。

もっとも中期および長期的視点をきちんと考え、人材育成による費用対効果を考慮している会社もある。正社員雇用を増やし、古典的な「丸い釘は丸い穴へ」的発想へと後戻りしている企業も存在する。

パート、アルバイト、派遣社員、委託社員、嘱託社員と、雇用形態は幅広い。しかも全体の約４割が非正規労働者であるという現実を、あなたはどのように受けとめるだろうか。

自分から適した仕事を見つけ、能力を発揮していくのか。それとも与えられた仕事のなかでベストをつくすのか。

どちらの働き方を選ぶのも、あなた次第である。

自分らしさを追求し、決断するためには、あなた自身が納得できる正しい方法を用いるべきである。キャリア理論は、その意味でもあなたの心強い武器となるはずだ。

MEMO

心得10

〝生き方〟のプロを雇え

今までキャリアという、さまざまな〝生き方〟のパターンについて紹介してきた。時代によって何が求められたのか、〝生き方〟の違いが理解できたはずである。日本の長期雇用システムがなぜ誕生したのか。正社員と非正規社員の格差がなぜ起きたのか、自分なりのキャリアを決めるための予備知識も、多少なりとも手に入れられたはずである。

就職戦線を突破するには準備と計画、そして実行力が要求される。自分らしいキャリアを手に入れるには、適性検査やエントリーシートの書き方を分析するだけでは十分ではない。

とはいえ、適性検査は企業の選考業務の負荷を軽減するため、効果を発揮している。面接官の好みによって評価が偏ることもなく、客観的データから合否決定ができる。応募者のデータを科学的に数量化し、統計的に分析できる点はありがたい。適性検査

MEMO

を使えば、応募者に不合格通知を出すとき、納得感を与えやすいというメリットがある。

エントリーシートも同じことが当てはまる。記入させる内容をうまく変化させることによって、適性検査の一部としての活用が可能となる。

企業が使用する適性検査の多くは、第一次世界大戦や第二次世界大戦で米軍が採用した手法などを改良したものである（47ページ参照）。精度を増すための改良が加えられ、実際の採用試験では、適性能、知識、興味、性格、価値観を測定する個別の適正検査を組み合わせて実施することが多い。

よって古典的な「丸い釘は丸い穴へ」は大切であるが、それだけに目を奪われた就職活動をすることは危険だ。入社後に理想と現実の狭間で迷い、「こんなはずではなかった……」とリアリティショックに苦しみかねない。

日本国内の離職率は、「七五三現象」とよく揶揄される。就職後3年以内に中卒7割、高卒5割、大卒3割が離職するという現象は、リアリティショックを裏付けている。

あなたが就職戦線で生き残るためには、戦闘に勝利し、戦局を有利に導けるだけの素質と能力が求められる。的確な状況判断に基に、使える資源を適切に使えて、はじめて転機を乗り越えられる。

MEMO

ではどのように行動を起こせばよいのだろうか。

何百社も会社を訪問しても成果が挙らず、内定を勝ち取っても「自分が本当に行きたい会社なのか」と自問自答することはしたくない。

適性検査を突破する方法を身につける、もしくは企業にアピールするために自らの能力を開発することが大切だ。就職戦線を突破するためには、どうしても不可欠な要件となろう。

戦線を突破するには自己創造も問われる。適性と能力を磨き、さらには自律型人材としての基礎が整っていれば、他の応募者との差別化戦略が可能となる。企業から注目される確率も一気に高まる。

そこでお勧めするのが、プロの知恵を拝借する方法だ。

信頼できるプロの助言を得ろ

プロの知恵とは何か？

国内に限って言えば、国家資格であるキャリアコンサルティング技能士、もしくはキ

MEMO

ャリアコンサルタントの知恵である。あなたの相談に乗ってくれるプロを使えば、今まで以上に就職戦線を突破できる確率は上がる。

日本ではキャリアに関する考察はまだ日が浅い。政府は２００１年、第７次**職業能力開発基本計画**にキャリアコンサルティングを加えたばかりである。

当時は労働者のためのキャリアが中心とされた。

しかし現在は米国と同じく、仕事キャリアの枠を超えて、ライフキャリアが注目されている。つまりは生涯の〝生き方〟である。

あなたはどのような方法で就職戦線を突破するのだろうか。

単独で戦うのか。それとも信頼できるプロを身近に置くのか。

本書を読んでいる以上、あなたは心のどこかで何らかのヒントを得たいと考えているに違いない。

そうであるなら、自分の進む方向が正しいのか、それをチェックするためにプロを使うのも１つの手だ。

あなた自身をプロと一緒に点検してみる。客観的な助言を受けることで新たな自分に気づき、より自信を持ち、安全と納得感を持って進むことができるだろう。

職業能力開発基本計画　職業訓練や能力検定を行い、労働者の地位向上を目的とした法律「職業能力開発促進法（旧職業訓練法）」に基づき、職業能力開発施策の基本的な方針を定めたもの。

士官学校卒業したての指揮官は迷いが生じたとき、知識や経験を蓄えている古参軍曹に相談する。これは軍隊の常識である。

あなたは、あなた自身の就職戦線で戦う指揮官だ。迷いが生じたら、〝生き方〟のプロに相談してみるのはどうだろう。多少の経費はかかっても、得るものは多いに違いない。

MEMO

第2章

最強キャリアをつくる「21の原則」

原則01

3つのキーワードを駆使しろ

では、最強キャリアをつくる原則を具体的に学んでいこう。

手始めにまず、次の質問を考えてもらいたい。

いま、あなたの目の前には東欧の紛争地域へ潜入する諜報員A、テロリスト掃討作戦をイラクの砂漠で実行する特殊部隊員B、官公庁に潜入しているスパイを摘発する連邦捜査官Cがいる。

彼らは所属も違えば、知識も経験も異なる。それでも作戦の準備では共通する〝3つのキーワード〟を用いる。そのキーワードとは何だろうか、という質問だ。

この3つのキーワードは、あなたが就職戦線を突破するためにも有効である。きちんと理解することで、成功率を高める戦略が編み出せる。

この〝戦略〟という言葉に、もしかすると〝あれ？〟と思われたかもしれない。そう、あなたが想像した通り、答えは「本書の使い方」で述べた3つのキーワードである。

MEMO

３つのキーワードとは、自己理解、職業理解、目標設定である。

これらが、共通したキーワードである。どんな状況であっても、自己理解、職業理解、目標設定が大切となる。

諜報員の立場からより具体的に３つのキーワードを述べると〝自分は何者か〟、〝どのような任務につくのか〟、〝標的は何か〟となる。作戦立案では、何度もこれらのキーワードを振り返り、漏れや抜けがない実行計画を作成していく。

なかでも重要なのは、〝自分は何者か〟という第一のキーワードだ。自己理解が十分に検討されてこそ、職業理解と目標設定が明確に検討できるようになれる。

東欧のある国に、諜報員Ａが潜入するケースを見てみよう。

作戦の検討段階において、諜報員Ａは東欧に潜入する可能性や現実性をまず探る。自身の傾向や能力を分析し、客観的な評価とともに修正していく。

自身の長所と短所も点検する。作戦遂行に似合うように長所を伸ばし、足りない知識や経験を積んで、短所も補強する。

こうした処置は、自分の価値観や性格、興味などを、潜入国の現状に適応させることでもある。現地の人々に違和感をあたえず、信頼関係をえるためだ。

MEMO

彼らが使うツールの1つに「ホフステッド指数」がある。これは70年代、オランダの社会科学者**ホフステッド**（Hofstede,G）が世界40カ国、米国IBM社11万人の従業員に対しておこなった行動様式と価値観の調査結果だ。

これを使えば、潜入先の国民性と諜報員自身の相性が理解しやすい。どのように行動すればよいのか、周囲から怪しまれにくい〝生き方〟を見つけやすくなる。

自己理解から第一歩を始めろ

ホフステッド指数は世界各国の文化と国民性を数値化したものだが、企業文化や組織員文化を理解するうえでも活用できる。

あなたが就職戦線を勝ち抜くために使えるツールでもある。

ホフステッド指数は6つのポイントから捉えることができる。

- 権力の格差：上下関係の力の差がどれだけあるのか？
- 個人主義対集団主義：個人と集団のどちらが好まれるか？

ホフステッド　ヘールト・ホフステッド。オランダの社会学者。リンブルフ大学名誉教授。文化という曖昧な対象をモデル化した、異文化・組織文化の世界的なパイオニア。

・達成指向型対育成志向型：成果と人間関係のバランスは？
・不確実性の回避：曖昧な状況をどれだけはっきりさせたいか？
・長期志向対短期志向：改革か、現状維持を好むか？
・快楽的対禁欲的：自分の欲求か、社会規範を重視するか？

これら６つのポイントから、就職したいと考える会社の文化や規範をまず探る。そこに、あなた自身の価値観、性格、興味を照らし合わせて考えてみる。これだけでも会社との相性は分析できる。働きやすいかどうか、やりがいを感じられるか否かがわかってくる。

〝自分は何者なのか、そしてどうしたいのか〟。

充実したキャリアを送るためには、自分を理解することからすべてがはじまる。

MEMO

原則 02

自分に合った雇用市場を選べ

市場規模は拡大もすれば、縮小もする。どれだけの諜報員や兵士を必要とするのか、どれだけの対価を彼らに払うのか、という需要と供給のバランスで成り立つ。

戦争市場は古くから存在するが、最近は新たな変化がおきている。第三勢力となる「民間軍事会社」が参入してきたからだ。イラクやアフガニスタンだけにとどまらず、世界中の市場でシェアを拡大している。

これは、戦争ビジネスの幕開けを意味する。〝戦う〟という労働行為に対し、雇用する側が労働の価値の対価を支払うという市場論理がビジネスとして確立した。

戦争ビジネス市場は決して、新しいものではない。1960年代から70年代のアフリカでは、すでに傭兵による代理戦争が日々行われてきた。

当時、傭兵たちの背後で暗躍していたのは国家だった。欧米諸国や旧ソビエト連邦は〝民族解放闘争〟を支援し、勢力拡大のために第三世界を巻き込もうと躍起になっていた。

MEMO

70年代の傭兵と民間軍事会社とでは、何が異なるのだろうか。

その答えは、国家が認める合法的な〝会社〟か、否かだ。民間軍事会社は契約を結ぶ正式なビジネスであるため、傭兵とは異なる。

戦場ビジネスには、２つの市場が存在する。１つは軍や諜報機関に所属する人材からなる内部労働市場、もう１つは民間軍事会社による外部労働市場だ。

戦闘行為という労働サービスに対する需要と供給があってこそ、市場は成立する。このバランスを活かして、民間軍事会社は労働という商品の取引を世界各国の政府や企業などとうまくおこなっている。

人材の異動や配置転換を通し、手元の資源を使って戦争に勝つのか、それとも必要に応じて、適切な人材を外部から調達するのか。

戦争ビジネスでは、２つの市場がバランスよく使われる。国家の介入がふさわしくない状況下では間違いなく、外部労働市場の民間軍事会社に任せるという合理的な方法が使われる。

こうした点も傭兵との違いといえる。

傭兵のような個人と契約するには、リスクがともなう。雇う側と雇われる側の思惑が、

MEMO

必ず一致するとは限らない。

汚い仕事をさせるため、外部労働市場から誰かをスカウトとするとしよう。内部労働市場へ引き込む雇用を考えているならともかく、その場限りの仕事をさせるために雇うのは危険だ。相手が裏切らないとは限らないし、敵国の諜報員だったりすることがある。

暗躍する諜報員が協力者を現地で見つけるときに慎重を期すのも、同じルールがあてはまる。協力者をうまくコントロールしなければ、こちらの身が危うくなる。そのため、協力者の選抜には時間を使い、数年間費やすこともある。

よって雇用の多くは会社形態を通じることが多く、合法的手段を用いることが多い。雇う側からすれば、守秘義務契約や請負業務として委託することで、合法的に責任や危険も回避できる利点がついてくるからだ。

使い捨てされない商品となれ

就職戦線突破の戦略を練るときは、事前に労働市場の構図をしっかりと頭に叩き込んでおこう。あなたという〝商品〟を、どこの企業にどう売り込むのか。具体的な戦略を

MEMO

たてる土台とするためである。

当然、あなたの出発は外部労働市場からの参入となる。採用後に内部労働市場に留まってキャリアアップを目指すのか、それとも外部労働市場に戻るのか、自分の方向性を考えていくことも大切だ。

正社員を目指すのか、非正規を目指すのか。

どんな働き方をするにしろ、働き方は３つにわけられる。

・長期雇用と安定した賃金をもらう正社員タイプ
・能力を活かして高給を稼ぐ専門家タイプ
・自分が働きたいときにその時間だけ働く短期雇用タイプ

どのような働き方をしたいか、どうなりたいか。これらを自分のことばで具体的に語れることが、自己理解を深める最初のステップとなる。

MEMO

原則 03

4つの原則で自分を振り返れ

戦場では如何なる戦いも、自己理解からすべてがはじまる。もちろん、〝どのような任務につくのか〟という職業理解が優先されるケースもあるが、最後には「自分自身の理解」へ戻ってくる。

諜報員や兵士はどのように〝生き方〟を理解し、意思を固めていくのだろうか。合理的な選択を行い、生き抜く最大のコツは、自分自身を知ることである。その原則は4つだ。

・自分について、自分のことばで説明できること
・自分を語ることばや方法には、客観的で根拠があること
・環境との関係やそこにいる自分について語れること
・包括的かつ継続的に自己洞察を続けていること

MEMO

作戦を遂行するうえで、これら4つの項目は疎かにはできない。

諜報員は、偽名とニセの経歴を持って、敵地に潜入することがある。精巧な身分証明書を持っていても、敵地で質問されたときにうろ覚えの記憶で答えようものなら、すぐに疑われる。

しかし、4つの原則が徹底されるほど、周囲から怪しまれる危険は減る。尋問を受けたとしても、正体を見破られる危険も減る。自分自身が信じていれば、その人物を演じきれるからだ。

実際、この4つの原則は諜報機関によって活用されている。たとえば、1979年から1980年にイランで起こった**アメリカ大使館人質事件**では、実際に大使館員の命を救っている。

当時、アメリカ大使館はイランの反米デモ隊によって占拠される事態に陥った。このとき、6名の大使館が直前に脱出し、カナダ大使公邸等に身を隠した。

彼らを救出するため、CIA米国中央情報局は諜報員を派遣。SF映画「アルゴ」という架空の撮影ロケハンスタッフに彼らを変装させ、メヘラーバード国際空港から堂々と脱出させたのである。

アメリカ大使館人質事件　イラン革命のさなか、亡命したパフレヴィー2世の引き渡しを拒否したアメリカ政府に学生たちが憤激し、大使館を占拠した事件。

この「アルゴ」作戦において、6名の大使館員たちは偽りの身分で偽装した。生死がかかった緊迫した状況下、他に選択肢がなかったこともあるが、4つの原則はうまく機能した。

この作戦では、当初から映画のスタッフを演じる予定ではなかった。CIAが提示した選択肢の1つでしかなく、大使館員本人たちに他の選択肢も提示し、〝自らの意思〟で選ばせたという。

逆に、4つの原則が疎かにされた作戦もある。このアメリカ大使館に人質となった52人のアメリカ人を救出すべく、米軍が計画した人質奪還作戦「イーグルクロー」だ。陸、海、空、海兵隊の四軍が総動員された大規模な特殊作戦は、無謀すぎた。指揮系統の問題、輸送ヘリの選択ミス、砂嵐による輸送ヘリと輸送機の衝突といった不測の事態が重なり、作戦は失敗に終わった。

歴史に〝もし〟は禁物である。それでも、もし4つの原則がしっかりと作戦会議で討議されていたら、イランの砂漠で8名の死者と4名の負傷者を出さずに終わったかもしれない。人質を無事奪還し、イーグルクロー作戦は今も語り継がれていただろう。

MEMO

４つの原則で自分を振り返れ

どのように自分を振り返えればよいのか、具体的な自己理解のテクニックは次項目で説明する。ここでは、自己理解の大切さをまず理解してもらいたい。

就職戦線を突破する自己理解の準備として必要な項目は、次の通り。

自分自身の潜在および顕在能力、そして個人的なパーソナリティである。具体的は特殊な能力、知識、能度、性格、体力、技能などの心身の特性が挙げられる。

これらを合わせることで、あなた自身の職業適性がはっきりしていく。

そして、あなた自身が求める条件が加わる。具体的には、希望する企業や地域といった条件、あなたの家族環境などが挙げられる。

これらのポイントについて、自らのことばでしっかりと語っていこう。就職戦線を突破するためには、ここからはじめることが大切である。

MEMO

原則04

客観的視点から自分を磨け

職業を選択するとき、一度は〝自分にはどんな仕事が適しているか〟と考えるはずだ。自分に適した仕事が見つかればこそ、モチベーションは向上し、達成意欲も高まっていく。

仕事を適切かつ効果的に遂行し、成し遂げる能力や特性のことを「職業適性」と呼ぶ。この適性は本人が気づいていることもあれば、気づいていないこともある。

諜報機関や軍ではこの適性を引き出すため、さまざまなアセスメント（評価テスト）を用いている。客観的および主観的に評価し、苛酷な環境に適応できるか、任務に適応できるか、などを探っていくのだ。

このアセスメントは、フォーマルとインフォーマルに分かれる。

フォーマル・アセスメントは人の平均を標準として、数値で比較検討する方法である。その代表に検査法がある。具体的には、本人の能力、パーソナリティ、価値観、志向

MEMO

性、態度などを測定していく。

ちなみにこの検査は信頼性、妥当性、客観性からチェックされる。

信頼性とは、テスト自体の正確さを示す。調べたい特性を正しく測定していることを妥当性といい、基準は数値化されて誰が測定しても同じ結果が出るかというのが客観性だ。

アジアのある国家の新兵採用の様子を見てみよう。

フォーマル・アセスメントとして、まず知能検査と性格検査が実施される。３カ月間の新兵訓練終了時に知能検査、性格検査、**クレペリン作業素質検査**、職業適性検査がおこなわれ、適材適所の配置がなされる。

知能検査はすでに47ページで述べた通りだ。１９１７年にはすでに米陸軍が１７０万人の志願兵に対して、知能検査によって適材適所の人材配置を計画している。

性格検査には、質問紙法、投影法、作業検査法がある。それぞれ、多数の質問が書かれた用紙に回答する、曖昧な絵や図形、文章に対する自由回答する、一桁の数字を加算する、などの作業から性格傾向を判断する。

先ほどの新兵採用試験では、兵士としての素質をまずＩＱ（知能指数）とパーソナリ

クレペリン作業素質検査　内田クレペリン精神検査。ドイツの精神科医エミール・クレペリン（1856～1926）の研究結果をもとに、日本の内田勇三郎（1894～1966）が開発した、性格検査・職業適正検査の一種。

ティの側面から検査する。そして訓練終了後に性格適性、素質、運動機能、知的能力、興味などを見立てる。

では、インフォーマル・アセスメントはどんな検査なのだろうか。基本的には数値化せず、個人に焦点を当てていく。よって、観察法や面接法という形で実行されることが多い。

観察法では、第三者が本人を観察する。日常生活の言動からアセスメントしていく。面接法は文字通り、面接場面を通じて、直接的に評定する方法である。面接内容はすべて録音もしくは録画され、複数の担当官が個々に判定。その分析結果を照らし合わせて、総合的な最終的な判断を下す。

その具体的な方法は3つ。被験者に自由に語らせる方法、検査官が事前に用意した質問に答えさせる方法、被験者の話を優先しながらも、適度に質問を挿入していく方法である。

これらのアセスメントは、自己理解の基本である「自分自身に気づく」ことを目的としている。だからこそ、諜報機関や軍では複数のテストを組み合わせることが多い。

MEMO

検査項目を分析し、傾向をつかめ

アセスメントは、どの検査も一長一短がある。よって、企業の採用面接では、求める人材の何を測定するのかに合わせて、アセスメントを使い分けることが多い。

何がどの時点で評価されるのか。それを読み解くことは、あなた自身が就職戦線を突破するために重要となる。企業がどのような特性をチェックしているのか、十分な調査をしておくとよい。

ちなみに一般的な採用試験では、検査法が使われやすい。米陸軍の事例で紹介した通り、多くの志願者を相対的に見られる利点があるためだ。

二次面接や三次面接に進むほど、観察法や面接法が強化されていく。グループワーク、グループ討議、グループ面接、個人面接では、会社の理念やビジョンに基づいた人材、欲する人材の傾向に応じて、付録の208ページで述べるようにチェックする項目が変化していく。

だからこそ、あなたが応募する企業情報は十分に調べておこう。

MEMO

原則05

能力や興味を明確化せよ

ここではアセスメントのなかでも、能力や興味を測定する検査法を見ていく。あなたが要求されるさまざまな側面に対して、どれだけやりこなせるのか。その興味や志向性はどうか。これらを測ることは企業にとっては、とても重要な項目となる。

まず基本的な適性能、つまり可能性や潜在能力を測る検査法として「ＧＡＴＢ一般職業適性検査」がある。現在も国外の諜報機関や軍をはじめ、日本の自衛隊などで使用されている。

自衛隊で使われているのは、厚生労働省編一般職業興味検査である。米国労働省が第二次世界大戦当時の研究結果を開発したＧＡＴＢを基にして、１９５２年に完成した。その後も、改訂が重ねられている。

この検査法は11種の紙筆検査と４種の器具検査、合計15の下位検査で構成される。そこから仕事を遂行するうえで必要となる３つの機能、**９つの適正能**が測定できる。

９つの適性能　１ 知的能力Ｇ。２ 言語能力Ｖ。３ 数理能力Ｎ。４ 書記的知覚Ｑ。５ 空間判断力Ｓ。６ 形態知覚Ｐ。７ 運動共応Ｋ。８ 指先の器用さＦ。９ 手腕の器用さＭ。

算出された得点は〝適性職業群整理表〟と比較することが可能で、職業への適応性や選択のための情報を得ることができる。この〝適性職業群整理表〟は、13の職業領域と40の適性職業群から編成される。

職業領域にはたとえば、警備・保安、運転・操縦、コミュニケーションなどがある。適性職業群については、警備・保安では警備・巡視、警察・保安というように分かれている。

検査の判定は「H」、「M」、「L」で表記される。Hは基準を満たしている、Mはほぼ満たしている、Lは基準を満たしていない、を意味する。

対象者は中学生以上45歳未満。幅広い年齢層で使えるため、日本では自衛隊以外にも、ハローワーク、職業能力開発センターなどの公的機関や学校などで用いられている。

潜在能力の特徴を把握するため、この検査は時間制限法で進められる。つまり、GATBは限られた時間で早く正確に回答する、最大能力検査である。

次に、パーソナリティの一部である職業興味を測定する検査も理解しておこう。

ここでは日本でも有名で、21ページに登場したホランドが作成した大学生以上成人用の「VPI職業興味検査」を紹介する。日本人の適応性などが十分研究されたうえで、

MEMO

日本語版が作成されたツールでもある。

被験者は提示された160個の職業に対して、興味や関心の有無を次々に回答していく。その結果を、6つの興味領域と5種の傾向尺度で個人の特性を測定していく。

ちなみに6つの興味領域は、RIASEC（リアセック）と呼ばれる。

R：機械や物体等の具体的な仕事や活動
I：研究や調査等の研究的・探索的仕事や活動
A：音楽、美術、文芸等の芸術的な仕事や活動
S：人に接したり、奉仕したりする仕事や活動
E：企画や組織運営、管理等の仕事や活動
C：定まった方式や規則を重んじる仕事や活動

また、傾向尺度については次の通りとなる。

自己抑制の強弱を「自己統制」、一般的に男性が

■ホランドのRIASEC領域（6角形）と職業

- 隣り合った興味のタイプは類似性が高い
- 反対側に位置するタイプは最も異なった傾向を持つ

（例）

R ▶	機械技術者、パイロット、消防士、調理師、農家、漁師
I ▶	学者、研究者、医師、数学教師、実験技師、薬剤師
A ▶	音楽家、イラストレーター、服飾デザイナー、編集者、モデル
S ▶	ソーシャル・ワーカー、保育士、事務所監督、苦情処理
E ▶	弁護士、ホテル支配人、TVプロデューサー、不動産セールスマン
C ▶	速記者、統計事務官、製品検査官、機械オペレーター、帳簿書記

好む職業の関心度を「男性－女性傾向」で数値化。権力や名声への関心度を「地位志向」、常識度を測る「希有反応」、職業への関心の多さを「黙従反応」として評価していく。

能力や興味を仕事に結び付けろ

あなたの能力や興味を明らかにすることで、職業との関連性が見えてくる。フォーマル・アセスメントは、それを可能としてくれる効果的な武器である。

とはいえ、アセスメントはあなたの傾向をはかるもので、絶対的な結果ではない。大切なのは、検査結果をあなた自身がどう理解するか、いかに活用するかである。

あなたには長所もあるし、短所もあるはずだ。肯定的な面もあれば、否定的な面も存在する。短所や否定的な面も含めて、すべてが自分らしさである。長所は伸ばし、マイナス点は認めたうえで修正すればよい。自己理解を深めるツールとして、アセスメントは是非とも経験してみるよいとよい。

また、キャリアコンサルタントとの協働作業で結果を分析すれば、効果はより高まる。

MEMO

原則06

コンピュータで適性を分析しろ

諜報員や兵士たちの復員プランのデジタル化が進んでいる。米国では彼らのキャリア支援において、ＩＢＭ社が開発したスーパー・コンピュータ**「ワトソン」**（Watoson）が使われるようになった。

国のために尽くしてきたが、市民生活はまったく知らない現実に彼らはふと気づく。そんなとき、〝何を手始めにすればよいのか〟〝履歴書の書き方はどうすればよいのか〟などを、ワトソンはガイドしてくれる。

米軍では、毎年十数万人が除隊する。彼らのなかには自らの適性が分からず、一般社会のどこでどのように活かせばよいのか分からず、生活そのものに馴染めない者もいる。スーパー・コンピュータは今日、彼らの心強いサポーターとなっている。自宅からアクセスするだけで、自分なりの〝生き方〟を探すことができるのである。

日本ではどうだろうか。

「ワトソン」　IBMが開発した、言語を理解・学習し、人間の意思決定を支援するコンピュータ・システムの名称。日本語対応版の開発が2015年に発表された。

「ワトソン」までの高性能システムとはいかなくとも、ＣＡＣＧＳ（コンピュータ支援・キャリア・ガイダンス・システム）がすでに使用されている。

国内で広く使用されているＣＡＣＧＳとして、「**キャリア・インサイト**」（CAREER Insites）が挙げられる。現在はハローワーク、転職相談機関、教育機関などでサービスを受けることができるし、私自身も使用している。

キャリア・インサイトは、ＣＤ－ＲＯＭを用いたツールである。あなた一人でも利用できるが、キャリア・コンサルタントとの共同作業を通じれば、効果的な一連のキャリアコンサルティングが経験できる。

キャリア・インサイトで測定できる項目は４つ。適性評価、職業情報の検索、適性と職業の照合、キャリア・プランニングである。

具体的には「適性」を能力、興味、価値観、行動特性の４つの側面から評価していく。総合評価に基づいて適職リストが作成できる。４７４の職業が登録された職業データベースの検索や、キャリアプランも作れる。

この適性について、もう少し見てみよう。

能力はリーダーシップをはじめとする８つの側面を、興味はホランドのＲＩＡＳＥＣ（リアセック）

キャリア・インサイト　独立行政法人 労働政策研究・研修機構が開発した職業適性診断システムの登録商標名。職業安定機関や教育機関、および自治体などに販売されている。

領域を通じて診断していく。自信がある側面と興味がある領域の上位3つがデータベースで照合され、適職リストが自動的に作成される。

価値観では、どのような条件を重視するのか、希望する働き方や職業タイプが調べられる。

行動特性では、性格と傾向を診断し、性格特性や思考特徴、好きな職場イメージなどが顕在化されていく。

このキャリア・インサイトは現在、2つのコースが用意されている。

1つは、18歳から34歳程度で職業経験が少ない人向けのEC（アーリーキャリア）。もう1つは、概ね35歳以上で職業経験がある人向けのMC（ミッドキャリア）だ。

調べたい項目だけを調べることもできるのも、特長である。すべてを実施したいときは、最低でも1時間の時間の余裕を持っておくとよい。

コンピュータを使って、自分自身を磨け

キャリア・インサイトは利便性が高く、あなた一人で操作できる。GATBやVPI

MEMO

のような紙を使った検査ではなく、自分自身のペースで行えるため、精神的な負担は最小限に抑えられる。

機会があれば、一度は試してみることをお勧めする。

もちろん、キャリア・インサイトは万能ではない。

あくまでもＣＡＣＧＳは、１つのツールである。

職業とのマッチングを過度に意図した使い方はしないほうがよい。表示される職業名は、あくまでもあなた自身の能力や興味などから具体的な仕事の例を示したものだ。

結果を鵜呑みにせず、あなた自身のキャリアを考える、そして感じる素材として、ＣＡＣＧＳを活用するのがベストだ。

主観的な自己理解を深めたら、客観的な意見を合わせて整合性を確認しよう。キャリアコンサルタントと一緒に結果を分析すれば、あなた自身の視野はきっと広がる。

MEMO

原則 07

過去から〝生き方〟を見つけろ

過去の自分は現在の自分につながり、そして未来の自分を創っていく。この土台となるのは、自らの経験だ。

過去に自分自身に影響を及ぼした人物や出来事を整理する、つまり過去の経験を紐解くことで、今の自分が改めて理解できる。

過去にどんな仕事についてきたのか、どのぐらい厳しい障害を乗り換えたのか、どれぐらいの成果を挙げたのか。こうした自叙伝が今後の〝生き方〟を左右していく。

もっとも諜報員や特殊部隊所属の兵士の、経歴の多くは、〝機密事項〟扱いされる。普段からパスポートを数冊持っているような連中である。職務経歴書においても、具体的な任務は〝機密扱い〟となって終わる。

実際、彼らと話をしていても、うまくごまかされることがよくある。

とはいえ、これでは民間企業への転職は難しい。採用面接で今までの職歴を質問され

MEMO

るからだ。

そこで彼らは専属のキャリアコンサルタントと協働作業を行い、機密事項に抵触しない範囲で記録を作りなおす機会を持つ。嘘をでっちあげるのではなく、ことばの言い回しを変化させていく。たとえば〝イラクでの生物兵器捜索〟は、〝社会貢献活動〟といった具合である。

彼らは協働作業を通じて、自らの仕事経験の小説を書き上げる。つまり、台本を用意するのである。そのうえで履歴書や職務経歴書、企業が指定するキャリア・シートへの記入へと進む。

自叙伝の書き方は、基本的なプロフィールを書くことからはじまる。名前、生年月日、年齢、最終学歴、そして勤務していた課報機関や軍についての情報を書き込むことになる。

次に、自分自身のキャリアの志向性や自己認識について記述する。自分は自分のことをどう感じているのか、職業や生活全般について重要だと思うことなどの価値観を書くことが多い。

このとき、何らかのアセスメントの検査結果を保持しているようなら、合わせて記録

MEMO

する。主観的視点だけでなく、客観的な視点を足すことで正確さが高まり、印象もよくなる。

そして、過去の経験を述べることになるが、ここがもっとも重要な部分となる。

キャリアコンサルタントとしっかりと話し合い、自分が納得できることばを見つけだす。そこから機密事項に抵触しないように配慮しつつ、自分が関係してきた職務を時系列で詳細に記入していく。

時と場合によっては、携わってきた職務について、職務別に書き出しておいたほうがよいケースもある。職業経験が長く、1つの専門的業務に携わっているときには、その能力を証明するほうが効果的だからである。

このときは、アピールしたい職務や自信がある職務を中心に書いておく。内容や具体的な事例、貢献度、成果を忘れずに書き込む。

たとえば職務内容と能力、そして成果を書く方法がある。どのような問題をどう解決し、いかなる成果があったのかをデータを使って、わかりやすく書いていく。

自己研鑽の結果といえる学習歴、資格も書き出しておくとよい。職業能力を最後に総括する形で、自己アピールのポイントも明確化しておく。

MEMO

■キャリア・シート例（観光業向け）

■自分の好きなこと、夢中になったこと

○好きなこと・理由	○共通する点
・海外旅行（英・仏・日の３ヶ国語が話せるのでいっしょに行く友人に頼りにされる。旅行先の史跡や博物館を巡るのが好き）	・語学能力を活かしている。 ・あまりじっとしているのではなく旅行など外でアクティブに活動する方が好き
○夢中になったこと・理由 ・１年間の日本留学（今まで培った日本語力を試すために留学。良い友人もできた）	
○やってみたいこと ・韓国への一人旅（自分で計画旅行を立て、韓国語もマスターしたい）	

■職業観

○なぜ働くのか
・社会人として、経済的に自立した生活を送るため
・今までの経験や自分の能力がどれくらい通用するか試したい

○どのような職場で働きたいか
・人から感謝されるような、人のためになにかできる仕事ができる職場
・いろいろな国籍の人と出会える職場

○将来どのように成長したいか
・今まで培った語学力を仕事にも活かして行きたい
・いろいろな人との出会いを大切にし、グローバルな人間に成長したい

■将来の夢

○どのような仕事をしたいか
・自分の特技でもある「語学」を活かす事のできる仕事
・多くの人と出会い、いろいろな場所を訪れたい

○興味のある分野、ワークスタイル
・旅行業界の現地駐在員およびツアーコーディネーター

○必要な資格やスキル（能力）
・ACTFL-OPI 日本語「超級」・仏語「超級」目標　・英語以外の語学の習得

■キャリアプラン

キャリアプラン	ライフプラン
［半年〜1年後］ ・自分でツアーを企画する ・リピーターを確保する	・業界のマナー・常識を身につける ・語学の勉強、資格取得
［3年後］ ・昇進試験を受ける（グループ長クラス） ・売上TOP3に入るツアーを企画する	・結婚 ・子どもが生まれる
［20年後］ ・今までにない新しいツアーで成功する ・昇進試験を受ける（部長クラス）	・家族のために一戸建て購入
［30年後］ ・大企業との業務提携を取りまとめる（取締役クラス）	・家族で世界一周旅行

■最終目標

・グローバルな規模で自分の旅行会社を設立したい

これで、過去から現在までの私小説は完成だ。ここに今後の目標を記入することで、精度が高まる。無理なく実行できることを書き出すことによって、未来に向けた1つの〝生き方〟が出来上がる。

キャリア・シートは現在、あなたにもパソコンで作成できる。インターネットを検索し、厚生労働省の「ジョブ・カード制度」を見てみよう。

詳しくは後述するが、「ジョブ・カード制度」には、あなた自身の「生涯を通じてキャリア・プランニング」と「職業能力証明」の機能を担うツールが充実している。数多い記入例も掲載されているため、作成時の参考になる。

経験から〝生き方〟完成させろ

残念ながら、あなたが就職戦線を突破するときは、諜報員が使う方法をそのまま真似るのは危険だ。国内法規に照らし合わせると、経歴詐称になる危険がある。

もちろん、自叙伝を作成することは大切だ。エントリーシートの記入や採用面接など、就職戦線を突破するさまざまな場面で自らを語ることが求められる。よってその準備に

MEMO

は、もっとも適している。

働くことへの意欲、適性、能力、価値観、興味などが、採用試験の事前にきちんとあなた自身が把握できていれば、本番で慌てる危険性は減る。

もっとも書き上げたからといって、満足してはならない。

自分のことばで語れるか、自分のアピールポイントを相手に理解させられるか、などが要求される。自分に限界を感じたら迷わず、キャリアコンサルタントの力を借りるとよいだろう。

MEMO

原則08

自分を活かした職業を探せ

諜報機関や軍隊への入職を考える若者すべてが、最初から国家に対して〝忠を尽くす〟と考えているわけではない。憧れや冒険心といった、漠然としたイメージがきっかけとなることもある。

こうした志願者のイメージを、はっきりさせるのが得意な連中がいる。それが米国海兵隊のリクルーター（採用担当官）である。

米国海兵隊では、有能な人材がリクルーターを務める。彼らは海兵隊に所属する、超一流のキャリアコンサルタントといえる。

彼らは決して、入隊にしり込みする若者を強引に入隊させたりはしない。職業選択や進路について、若者が不安や心配を抱えていることを十分に理解しているからである。

では、どうするのか。

キャリアコンサルタントらしく誠意を見せ、しっかりと志願者の話に耳を傾ける。入

MEMO

隊を急がせることはしない。リクルーターからも質問し、必要な情報を提供し、志願者の自己理解を十分に深めてもらう。

リクルーターは若者に対して、「家族や知人、そして恋人とよく話し合え」とも助言する。迷いがあれば、それに耳を傾ける。

迷いが消えれば、決意が固まる。入隊しようが他の道を選ぼうが構わない。最後まで、志願者本人の意思に任せていく。

迷っている者は誰であれ、自分のことばで話すほど、気持ちが整理されていく。よって海兵隊を選ぶとなれば、海兵隊員になる心の準備が出来た、という意思表示として理解する。

リクルーターはその気持ちを尊重する。そして海兵隊員としての〝生き方〟を、海兵隊は全力で支援していくのである。

米国の高校や大学すべての生徒や学生が、海兵隊への入隊を希望するわけではない。海兵隊が大切とするのは、彼らが海兵隊を選択肢に挙げたことへの理解と支援である。

一方では、自分がどんな職業に興味を持っているのか。現実には興味や方向が見えず、悩む生徒や学生が数多くいる。

MEMO

サークル活動や勉強だけに集中し、〝キャリア〟を意識してこなかった生徒や学生ほど、深刻な状況に陥る。就職活動を真剣におこなっている知人や仲間から出遅れていれば、なおさらだ。

日本でも同じ現象がおきている。キャリア・センターに足を運ぶには気が重い。キャリアコンサルタントに相談するにしろ、何を相談すればよいのかも思いつかない。不安が不安を呼ぶこともある。

とはいえ、それでも心配はいらない。迷える状況を打開するツールが存在する。それが**「VRT職業準備テスト」**である。「VRTを受けたい」とキャリアコンサルタントに相談しさえすれば、すべてがはじまる。

VRT検査では、職業に対する準備度が把握できる。自らの態度やパーソナリティ、職業への興味や関心、自信といった自己理解や動機付けが深められる。

対象者は、中学、高校、専門学校、大学に在籍する生徒や学生だ。進路指導のツールやキャリア教育にも活用される機会も増えている。

職業に関する興味と聞いて、〝あれ、ホランドの理論と何か関係があるのかな〟と思われた方もいるだろう。まさにその通り。VRTは彼の理論を基に開発した検査なので

VRT職業準備テスト　職業レディネス・テストともいう。一般社団法人 雇用問題研究会が提供している職業支援ツールのひとつ。VRTは、Vocational Readiness Testの略

ある。

自分の持ち味を理解せよ

ＶＲＴは自己理解のツールとして、３つの検査で構成されている。Ａ検査は仕事内容への興味を、Ｂ検査は日常生活の行動、興味、意識を、Ｃ検査は仕事内容への自信度を、それぞれ探る。

Ａ検査とＣ検査はＲＩＡＳＥＣ、６つの職業領域での傾向が数値化される。あなた自身が６つの領域に対して、どのような興味と自信を持っているのかが、客観的な視点から理解できる。

Ｂ検査は、あなたの志向性を３つに分けて測定する。志向性とは日常の行動特性を示めす。

具体的には、各種の知識や情報を取り扱う対情報志向（Ｄ）、人とかかわっていく対人志向（Ｐ）、機械や道具などを扱う対物志向（Ｔ）がある。

ＶＲＴの結果を見ることで、あなた自身の興味と関連のある職業にはどんなものがあ

MEMO

るかが理解できる。結果をキャリアコンサルタントと話し合えば、さらに自己理解は深まる。

2010年には、個人対話型のVRTカードも開発されている。このカードを使えば、キャリアコンサルタントとの対話の中で検査を進められるため、より気づきを得られやすいという利点がある。

MEMO

原則 09

自らを成長させながら生きろ

有能な諜報員は、〝生き方〟を合理的に選択し、実践遂行する能力に長けている。自分自身の性格、感情、価値観などを分析し、それらをまとめて描写もできる。

それができてこそ、ニセの経歴とパスポートを使った敵地への潜入がおこなえる。空路で堂々と国際線を利用し、真正面から入国検査や税関を突破していく。

偽装がうまくいかなければ、何が起こるだろうか。

まず、入国管理官の質問に答えることが難しくなる。気持ちが焦るほど、仕草や態度にも微妙な変化がおきてしまう。武装した警備兵に囲まれ、別室に連行されることもありえる。

こうした事態を避けるため、諜報員は自分自身にプラスして、自分が置かれる環境も分析する。敵地という環境のなかで、どう適切に振る舞えばよいのかを事前に学んでおく。

MEMO

また、諜報員は任務中も自分自身をモニタリングする。環境は刻々と変化するからだ。注意を怠らず、周囲を観察し、その環境に適合する自分を創造し、生き残るための〝生き方〟を探求しつづける。

過酷な状況下では、アセスメントを用いる〝生き方〟探しは難しい。時間をかけた検査と結果の分析は、刻々と変わりゆく状況の変化に対応しきれないからだ。

では、いかに諜報員は自己の特徴を掴んでいくのだろうか。

自己の特性をすばやく理解する方法として、「職業適応性」という概念がよく用いられる。これは、米空軍で活躍したドナルド・スーパー（22ページ参照）が唱えた理論の1つである。

彼は自己理解を深め、職業との適性を図るため、能力とパーソナリティという2つの観点に着目している。能力は適性能と知識・技能などから構成され、パーソナリティは興味・志向性、性格、価値観などから成り立つ、という考え方である。

とはいえ、現地でアセスメント使わずに自己理解を進めるには限界が生じる。時間の制限や客観的な視点が欠けてしまうからである。

だからこそ、周囲からのサポートを活用する。他の諜報員や現地協力者からフィード

MEMO

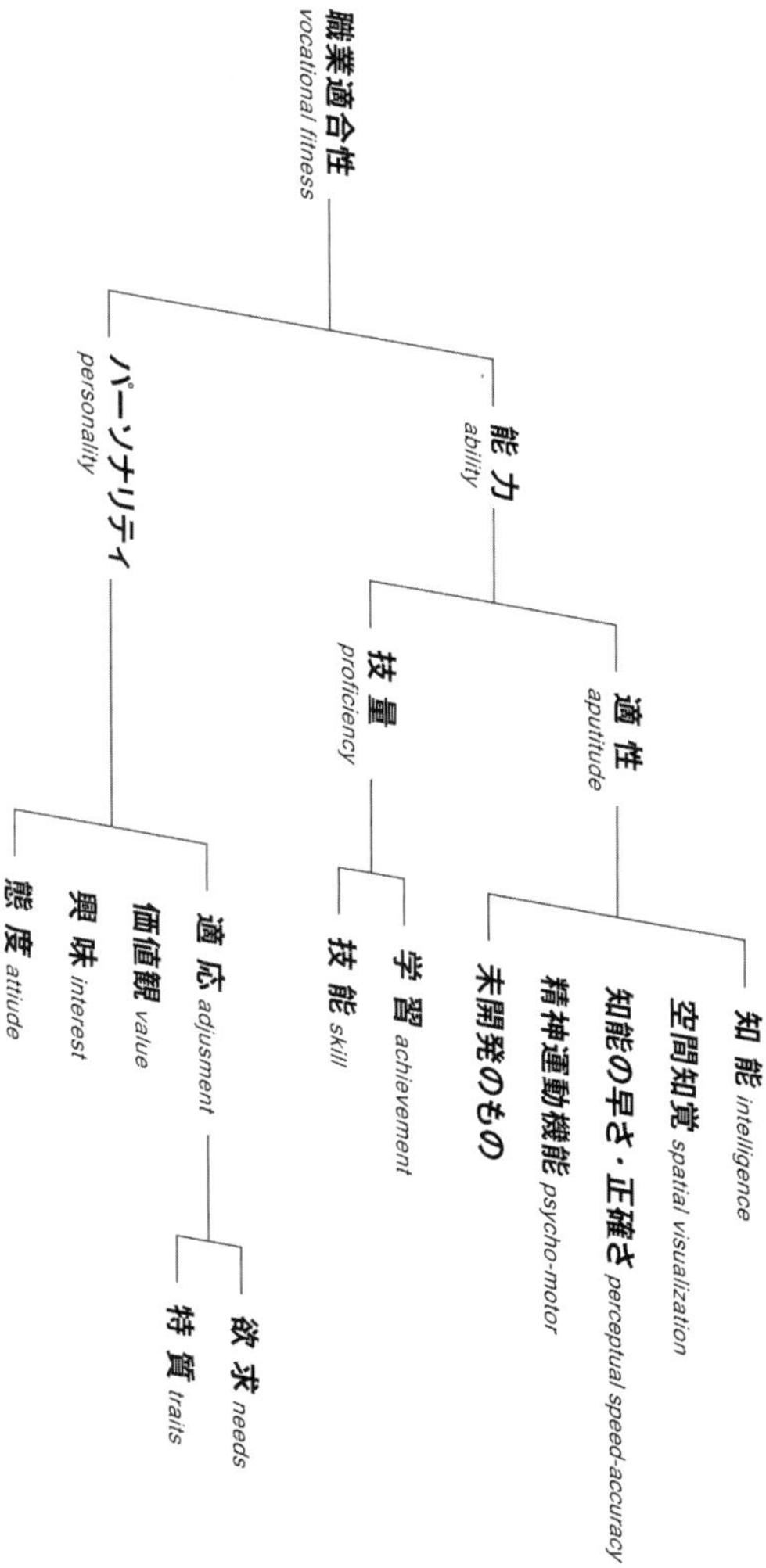
職業適合性 vocational fitness
能力 ability
パーソナリティ personality
適性 aputitude
技量 proficiency
知能 intelligence
空間知覚 spatial visualization
知能の早さ・正確さ perceptual speed-accuracy
精神運動機能 psycho-motor
未開発のもの
学習 achievement
技能 skill
適応 adjusment
価値観 value
興味 interest
態度 attitude
欲求 needs
特質 traits

■スーパーの職業適合性

バックを得ながら、主観情報と客観情報の一致を試みていく。

主観的な判断に、他人からの評価を加えることで正確さが増す。長所は強化され、短所の改善もできる。潜在的な能力を顕在的能力に引き出せるようにもなれる。

有能な諜報員になるほど、普段から己の適性を自問自答し、〝キャリア〟を積んでいる。アセスメントを定期的に受けながら、心身のメンテナンスもしている。

地道な努力があるほど、自己の発達と成長へとつながる。これは生まれてから死ぬまで、いわゆる〝ライフ・キャリア〟を生き抜く意味でも大切な考え方である。

自らの発達とともに生き抜け

あなたも「職業適応性」の視点を活かしてみてはどうだろうか。アセスメントを使わなくても、自己理解についての貴重な発見や自分を振り返ることはできる。

また、自分自身に与えられた「役割と時間」という違った視点からも、〝キャリア〟を考えることもよいだろう。

我々には死ぬまでに、子供、学生、余暇人、市民、労働者、家庭人、その他、という

MEMO

7つの役割を演じる。この役割を、家庭、学校、地域社会、職場といった状況で演じながら、私もあなたも生きていく。

私たちの〝キャリア〟は、この各役割を有効に機能させるための発達課題に合わせて変化する。

またヒトの人生は、「成長（〜14歳）」、「探索（〜24歳）」、「確立（〜44歳）」、「維持（〜64歳）」、「解放（65歳〜）」とステージ化され、各段階における特徴と発達課題は異なっている。

この考え方は「ライフ・キャリア・レインボー」と呼ばれる。年齢に応じてあなたの役割と時間を見直すことによって、あなた自身の現状や進むべき方向性をはっきりさせることができる。

是非、参考にしてもらいたい。

■ライフ・キャリア・レインボー

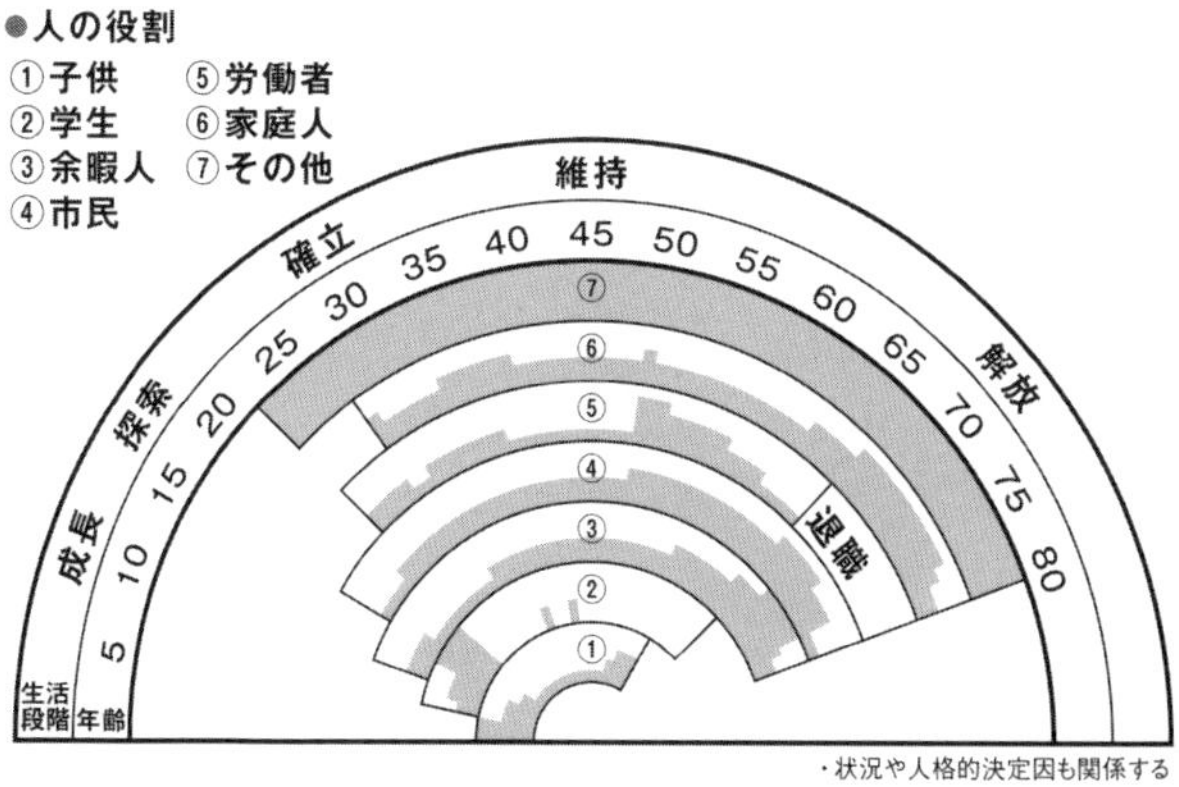

・状況や人格的決定因も関係する

原則10

働きながら自己理解を深めろ

諜報員や特殊部隊員という職種を自ら選ぼうとする志願者ほど、意思決定能力は高い。試験を突破するため、自己理解を徹底的におこなう。能力や意欲、価値観等を点検して、試験に臨む。

諜報員や特殊部隊員の選抜テストも厳密におこなわれる。米国海軍ＳＥＡＬｓ（特殊部隊）や英国陸軍ＳＡＳ（特殊空挺部隊）などでは、志願者の８割以上が脱落し、特には死者も出ることがある。

志願者は選抜テストを通じて、何が得意か、何をやりたいのか、何をやっている自分が充実しているのかについて試されていく。

無事にテストに合格しても、終わりではない。自己理解は、永遠のテーマだ。与えられた任務を通じて、さまざまな気づきを得ながら、潜在的な自らの特性を引き出す努力が課せられる。

MEMO

たとえば任務で、敵を殺さなくてはならなかったとする。数分前まで生きていた人間が肉の塊と化し、その柔らかな感触と肉が焼けた臭いを嗅げば、屈強な兵士でも人生観が急変する。

組織が求める任務に対して、精神的に乗り越えられる者もいれば、病んでしまう者もいる。潜在能力が発揮され、組織にとって好都合な諜報員や兵士が誕生することもあれば、そうでないこともある。

本人たちが、どのように自己を理解していくのか。任務経験に基づいた自己像〃キャリア・アンカー〃（27ページ参照）には、個人と組織の相互作用の結果が色濃く反映されていく。

イラク戦争やアフガニスタン紛争以後、米国各軍の特殊部隊員が軍を除隊する傾向が強くなっている。その理由の1つとして、このキャリア・アンカーの存在が挙げられる。

組織にやりがいを感じられず、能力や動機を最大限に活かせない状況では、兵士は満足できる環境へと、自らの〃生き方〃を自ら変化させていく。

特殊部隊の任務に限界を感じてしまえば、軍を辞める以外の道しかなくなる。転職先として民間軍事会社やそれに類似したビジネスで生計を立て、心の安定性を求めようと

MEMO

するのも自然の流れといえる。

とはいえ、この選択が常にうまくいくとも限らない。

自己評価だけに基づいた意思決定は、間違いを起こす危険がある。〝特殊部隊での経験を使えば、必ずビジネスで成功する〟と錯覚してしまうのである。

戦いに優れ、殺しのテクニックを身につけていたとしても、ビジネスは別物だ。ビジネスでは、戦いとは違ったセンスが要求される。

この流れに対して、軍では特殊部隊員の軍離れを警戒し、さまざまな評価システムを意識的に使いはじめている。金銭的なインセンティブに加えて、メンター（助言者）や直属の指揮官が本人を観察し、常に対話する機会を作っている。

他者と話すことで、本人の偏った自己評価は修正されていく。問題解決のさまざまな工夫や対処を一緒に考え、承認し、精神的な支援をすることで、心身的なストレスは軽減され、軍に留まる可能性が増える。

この方法は、諜報機関や軍に限った話ではない。民間企業では組織員の動機づけ策として、「目標管理」や「キャリア開発プログラム」を、１９６０年代からすでに導入してきた。

MEMO

自己理解を深めて、〝生き残れ〟

あなたの〝キャリア〟は固定されてはいない。

いつどこでも、〝生き方〟を変えられることを忘れないでもらいたい。

気持ち次第で、あなた自身の潜在能力は引き出せる。自らを信じ、自己に対する洞察を日々深めることで、より良いキャリアが開けてくる。

アルバイトやパートでも構わない。なんらかの仕事を少しでも経験しているのであれば、そこから自分を振り返ってみよう。何が得意か、何をやりたいのか、何をしている自分が充実しているのか、を考えてみるのはどうだろう。

この３つの問いを、自問自答しようではないか。

そして、他人に語ってみよう。明確化できないときは、キャリアコンサルタントと一緒に考えよう。

自己理解は、職業理解へつながる大切なポイントである。悩むことは〝成長痛〟でもある。決して、無駄なことではない。

MEMO

原則11

自分に合った職業を探せ

自分はどんな人間なのか。どんな適性を持っているのか。

自分自身のことを理解できたとき、〝生き方〟は次のステップに入る。そう、職業理解へと進むのだ。

職業理解とは、〝日常従事する仕事、もしくは生計を立てるための仕事〟を知ることである。就職戦線突破の確率を上げるため、最強キャリアをつくるため、あなた自身の能力、そしてパーソナリティをふまえて考えていく。

職業理解とは、業界や業種を広く知ることだ。求職情報に加えて、必要な経験やスキルを把握することでもある。

たとえば、東欧諸国への諜報員派遣を計画したとする。合法的に送り込もうとするとき、諜報員本人の適性を分析したうえで、もっとも適した職業が用意される。

職業は、ビジネスの世界では〝そのヒトなりの顔〟となる。

MEMO

現地で誰かと接触するときにもっとも効果的な会話は、「失礼ですが、どういったお仕事をされているのですか?」である。まさか「私はＣＩＡで働いています。情報を探りにきました」と自己紹介できるはずがない。

だからこそ職業を偽装し、素性がバレないようにする。実際、私が仕事で出会った会社員Ｂ氏は、その典型例だった。アジアの某国諜報部員であると正体を明かしたのは、知り合ってから5年過ぎてからのことだった。

では、海外の諜報員が日本に潜入するケースを考えてみよう。彼らはどのように職業を偽装して、潜入してくるのだろうか。

現在、日本国内における職業の総数は3万近いと言われている。彼らは、「日本標準職業分類」や「厚生労働省編職業分類」といった公開情報を偽装に用いることが多い。

日本標準職業分類は、総務省の各種統計調査に使われる公開情報で、３層構造になっている。また厚生労働省編職業分類はハローワークでの職業紹介・指導用に作成されており、４層構造である。

厚生労働省編職業分類を具体的に述べると、大分類（11項目）、中分類（73項目）、小分類（３６９項目）、細分類（８９２項目）という区分けによって、国内の職業を区分

MEMO

している。

〝英会話教師〟という職業を選ぶと、B244－99という区分けができる。職業分類を読めば、どんな職業なのか、職業につくにはどうすればよいのか、労働条件の特徴などを素早く把握できる。

厚生労働省編の職業分類は、インターネットでも公開されている。公開情報であるからこそ、あなたも職業に対する興味や理解を深めるために活用できる。

もっとも諜報員が「B244－99の仕事がしたい」とハローワークの外国人相談窓口や外国人雇用サービスセンターを訪れるはずはない。彼らは、あくまでも職業のイメージを固めるために用いる。

ほかにも、「**職業レファレンスブック**」が使われたりもする。こちらでは、国内の主要1000の職業についての職業解説を得ることができる。

日本を標的とする諜報機関は、こうした公開資料に目を配る。すべては日本人の国民性を理解したうえで、諜報活動を展開するためである。

職業レファレンスブック　独立行政法人 労働政策研究・研修機構が提供している職業解説書。主要1000種の職業を、約400字で解説している。

職業情報から適職を探し出せ

職業情報の話をすると、〝何百もある職業情報から、自分に適した職業は本当に見つかるのか。自分に適した職業が何かも理解できていないのに……〟と、後ろ向きの発言をするヒトもいる。

しかし、あなたは違う。本書を読んできたからこそ、適した職業を見つける方法が頭に浮かんでいるに違いない。

そのなかでも大切なのは、あなたのまわりにある資源の活用である。

ＧＡＴＢ厚生労働省編一般職業適性検査やＶＰＩ職業興味検査などのフォーマル・アセスメントを使えば、自分に適した職業情報を得ることができる。キャリアコンサルタントに相談することであなた自身の理解はより深まり、就職へのさらなる自信もつけられる。

自らが進むべき方向である〝生き方〟を模索するとき、職業理解は重要な項目となる。理解しようとする努力を続けていれば、自分自身への気づきが深まる。自己理解が深まることで、あなたは今まで以上に自信が持てるようになれる。

MEMO

原則 12

産業や事業所にも目を配れ

諜報員の敵地派遣では、具体的な職業をイメージした偽装がいつもおこなわれるとは限らない。場合によっては、潜入国の産業基盤の理解が必要となるケースもある。

1章で紹介した戦後の日本のケースで考えてみよう。

戦後の高度経済成長時期と今を比べると、産業基盤は大きく異なる。以前は建設業や製造業といった第二次産業が主流だったが、現在はインフラ関連やサービス業などの第三次産業のほうが発達している。

もし、外国の諜報機関が日本への潜入を現時点で目論むときは当然、第三次産業へのアプローチが中心となろう。

日本企業や政界からの情報を得ようとするなら、サービス業への潜入が基本となる。それも女性諜報員を使ったほうが効果的である。バックアッププランとして、日本人協力者を使うこともありえる。

MEMO

ちなみに日本国内の産業は、**「日本標準産業分類」**によって体系化できる。この分類は4段階でまとめられており、海外諜報機関などの情報源となる。

ここで気になるのが、職業と産業の違いである。

職業は、仕事によるヒトの活動を意味し、産業は業種を示す。

産業は、一定の場所で行われる経済活動を意味する。

職業と産業の違いを知ったうえで、ついでに事業所も理解しておこう。どこでどのような仕事が実際にあるのか、勤務形態や給料はどうなのか、偽装がバレにくい勤務形態なのか、必要な資格や専攻などの専門性はどうか。こうした実情を事業所別に確認していく。

日本の求職システムでは、個々の事業所が欲しがる人材を雇用条件とともにまとめるところからはじまる。つまり、職種、雇用形態、就業場所、時間、休日、加入保険、定年、賃金形態などの採用情報を求人情報としてまずは整理する。

そしてこの情報を基にして、公共や民間機関が求人調整や支援をおこなう。マッチングをうまく進めるためには、求職者のアピールがなによりも大切である。よって意欲を持って、求人や求職情報を積極的に集めていく作業がおこなわれる。

日本標準産業分類　総務省が作成。統計結果に基づいて日本の産業を分類したもの。

ただし、実際の良い求人というものは、公開する前に決まってしまうという現実がある。

よって現実には公共や民間の求人機関を通じて、課報員が職を得ようとすることは少ない。

もっと、賢い方法を連中は利用する。自ら動き、機会を作り出していくのだ。成功率が高まりやすいルートをたどって、潜入することが多い。

その1つの例が、コネクション作りだ。「なんだよ、それ」と思われるかもしれないが、条件の良い求人は仲間内のやりとりで決まってしまいやすい。中途採用では、その確率が一気に高まる。

だからこそ、課報員はターゲット企業の関係者や関係のある人物の洗い出しをまず徹底的に行う。そして狙いをつけた対象者たちとパーティーや説明会などでうまく接触し、時間をかけて信頼関係を構築し、内部に入り込めるスキを伺う。

また過去を封印し、新たな人生の再起を願う元課報員は、正面から採用試験に臨む。但し、もっともうまくやらないと、111ページで述べた私の知人のように企業から警戒される危険があるのも事実である。

MEMO

産業と事業所を調べつくせ

職業、産業、事業所。これらの知識と理解が深まっただけでも、就職戦線突破の方法は変化する。あなた自身のやりがい、興味、強みなどを活かし、またイメージを高めつつ、仕事とうまくあわせる作業に入ろう。

就職を希望する企業に入る方法は色々ある。正面から突破する方法もあれば、諜報員のように人脈を作ってから攻め入る方法もある。

あなた自身にあった戦略を作ってみよう。キャリアコンサルタントと協働し、あなたのアイデアを磨くのもよい。

雇用条件や求人条件の洗い出しもおこなおう。巻末のサバイバル・ガイドに記したように賃金、昇給、手当、休日等に対する取り決めや労働法規への理解は重要である。あなたの心身を守るため、大切な項目となる。

ブラック企業にも注意しよう。幹部候補募集、未経験大歓迎、などの甘いことばには要注意である。ロジカルに考えれば、〝幹部候補がいない会社〟や〝誰でもできる仕事〟という文句に対して、疑念が浮かぶはずである。

MEMO

原則13

体験から自分を高めろ

諜報機関や軍隊の訓練場には、模擬市街地が数多く存在する。たとえば、米軍は模擬イラクや模擬アフガニスタン村を保有している。

そこでは選抜された移民が現地人に扮して、訓練を補佐している。

訓練の多くは、異国の文化・風習に慣れ親しむことである。現地では、友好部族勢力との協働作戦が予期される。よって彼らを尊重し、〝相手の失礼にならない食事の仕方〟や〝女性や子どもとの接し方〟、〝地域住民への接し方〟などを実体験していく。

模擬村では、現地のことばが使われる。日本語も例外ではない。私が保持している会話能力テスト（ACTFL－OPI）試験官の資格は、訓練のバックアップで使われたりもする。

兵士の疑似体験は、任務を遂行するうえでとても重要だ。現実に近い状況でリハーサルをしておくほど、緊急時に自分がどう動くのか、その心理状態が事前に把握できる。

MEMO

敵地に潜入する諜報員も必ず、リハーサルを繰り返す。ぶっつけ本番で作戦を開始することは、ありえない。失敗するリスクが、あまりにも高すぎるからだ。

事前に経験をつめば、陥りやすい弱点が理解できる。自分の強みや弱みを理解すること、経験則がやしなわれ、自らの言動を俯瞰的にみられることで自信が深まる。

これらのリハーサルを「啓発的経験」と呼ぶこともある。

一般的なキャリアコンサルティングでも、自己理解と職業理解の次に「啓発的経験」が大切な項目となる。就職する前になんらかの形で経験しておくことで不安や心配が減り、自己理解や職業理解をより深める効果がある。

過酷な状況を体験しておくことで、心の免疫力が高まる。取り乱したり、パニックにおちいったりする恐れは軽減されていく。

こうした疑似体験は、今後の〝生き方〟を決めるうえで役立つ。積極的に試すほど、自信と力量が高まっていくのが自分自身で感じられる。

この啓発的経験をあえて、避けようとヒトもいる。自分の能力を過信しているときには、啓発経験は必要ないと思い込みやすい。

とはいえ、知識を頭に詰め込んでいたとしても、実際に使えるかどうかはわからない。

MEMO

よって啓発的経験を避けようとするとき、そこには〝失敗への恐怖がある〟という見方ができる。

それゆえ、演習では疑似体験をつませながら、わざと失敗させ、捕虜としてとらわれるシナリオがある。

そこでは、尋問が待ち受けている。**ジュネーブ条約**では捕虜の身分と扱いは規定されているが、過去の戦争をみてみると通用するとは限らない。

捕虜としての辱めを受けることも、啓発的経験の一部である。ヒトの心理を操作するのが得意な心理戦部隊の面々から、さまざまな苦痛を与えられる。肉体も精神もズタズタにされ、捕虜は屈辱をあじわわされる。

この体験を通じて、彼らは自分自身に足りない資格や能力に気づいていく。成功率を高めるため、さらなる経験を積むため、作戦を延期することさえある。

ちなみに疑似体験のなかでももっとも修得に時間がかかるのが、現地の〝ことば〟である。現地のヒトたちと意思の疎通を図り、同じ思考を持ったうえで感情も通じ合わせなくてはならないからだ。

ジュネーブ条約　1864年にスイスのジュネーブで締結された、傷病者および捕虜の待遇改善を求めた国際条約。

体感し、その感覚を味わえ

職業情報を集めても、なにかこう、もやもやした感覚をあなたは持った経験はないだろうか。こうした瞬間こそ、「啓発的経験」が効果を発揮する。まずは、とにかく経験してみるのだ。

アルバイト、インターン、職場見学、派遣会社での短期就労など。方法はいくつでもある。少しでも経験すれば、あなた自身の視野は広がる。新たな出会いが起こり、関係者との接点も広がる。

キャリア・センターに足を運ぶのも１つの方法である。民間の会社が主催する就職セミナーやイベントに参加し、さまざまな人と出会う方法もある。

そう、自発的かつ自律的に経験を積むほど、得られるものは多い。

チャンスはあなたの目の前に存在する。それに気づけて、自分のものにできた人ほど、就職戦線は効果的に突破できる。

迷ったときは、助言を聴こう。キャリアコンサルタントに相談すれば、よき指南役となってくれるはずだ。

MEMO

また、より戦略的に考えるなら、厚生労働省の「職業能力評価基準」を参考にするとよい。この基準では仕事をこなすために必要な「知識」と「技術・技能」に加えて、「成果につながる職務行動例（職務遂行能力）」までもが、業種別、職種・職務別に整理されている。

平成24年現在で46業種が整備され、キャリア・マップと職業能力評価シートも存在する。あなたもインターネットを使えば簡単にアクセスできるので、企業が必要とするであろう能力などをより具体的に点検できる。その分析にキャリアコンサルタントの協力を得られると、より現実味が増すだろう。

MEMO

原則 14

必要なスキルや資格を点検しろ

任務は誰もが成功させたいと願うものだ。

しかし、任務は失敗してしまうこともある。過去に失敗したケースを検討してみると、そこにはさまざまな要因があることがわかる。

イラク戦争やアフガニスタン紛争で考えてみよう。

たとえば米軍は、最強のエリートと噂される海軍ＳＥＡＬｓ（特殊部隊）を派遣した。砂漠や山岳地帯に潜むテロリストを掃討し、友好勢力を拡大する支援のためである。

しかし当初、この部隊は軍上層部が期待するほどの活躍はできなかった。それ以後の派遣も見直しとなった。戦闘スキル向上のため、部隊は訓練場へと引き戻されたのだ。

なぜ、こんな失敗が起きたのだろうか。

その理由は２つある。

１つは軍上層部が間違った戦略を用いたこと、つまりは〝適材適所の原則〟を破った

MEMO

ことである。

もう1つは、特殊部隊員たちが自らの能力とスキルを過信したことである。

この話は当時、〝自己理解と仕事理解ができてないチーム〟として、欧州の特殊部隊では笑い話となった。現地派遣の前に自らの能力とスキルの点検が確実にできていれば、間違いは防げたからである。

特殊部隊のスキルは、大まかに3つに分かれる。

戦略立案や意思決定などのコンセプチュアル・スキル（概念化能力）、コミュニケーション力や交渉力などのヒューマン・スキル（対人関係能力）、そして日々の任務や実務に必要なテクニカル・スキル（任務知識・任務遂行力）である。

彼らがイラクやアフガニスタンで役立たなかったのは、これらのスキルの洗い出しができなかったからである。今では陸戦もこなす海軍特殊部隊であるが、当時は海岸線一帯における作戦を得意としていた。よって、適材適所の作戦とは程遠かった。

ちなみに部隊のその後はどうだったのか。彼らの名誉のため、後日談を紹介しておこう。

ＳＥＡＬｓは陸戦でのテクニカル・スキルを見事に身につけ、戦場に復帰。以後、米国の機運をかけた数々の特殊作戦に携わり、２００１年同時多発テロ首謀者の暗殺作戦

MEMO

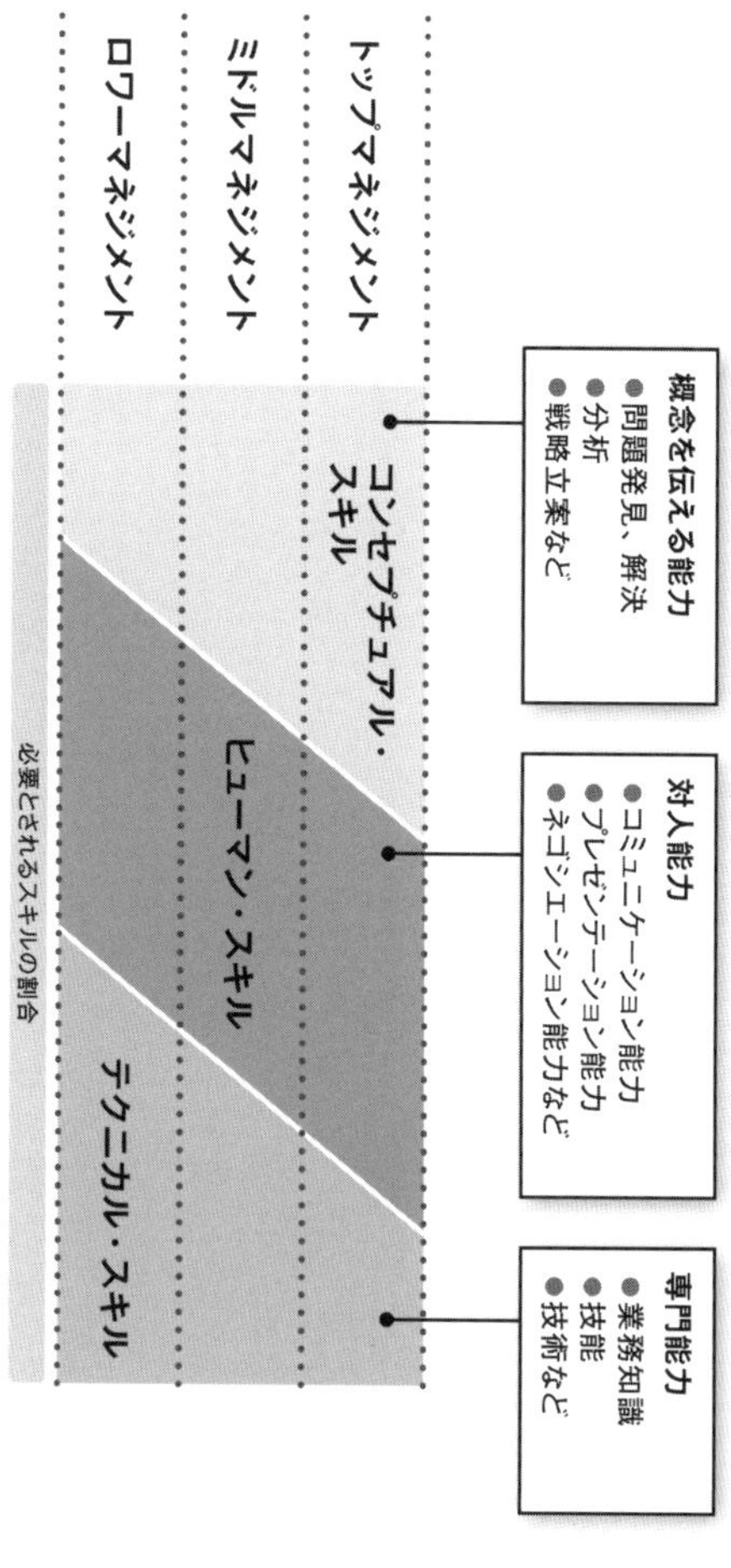

3つのスキルは本来、マネジメントに必要な項目として
米ハーバード大学教授ロバート・カッツ（Katz,R.J）が分類したものである。

■３つのスキル

でも成果を挙げている。

　ここで取りあげる特殊部隊員のスキルは、あなたも十分に活用できる。就職戦線を突破するためのスキル向上を目指すなら、コンセプチュアル・スキルやヒューマン・スキルを重点的に磨こう。応用が利くので、他の求職者との差別化を図れる。テクニカル・スキルだけを高めるのは、あまりよくない。短期戦略で考えれば即戦力となるだろうが、専門性を高めすぎると転身がうまくきかなくなる。

　では、それぞれのスキルはどのように磨けばよいのだろうか。

　まずは、受け持つ仕事や業務、いわゆる職務情報を入手し、分析から始めよう。どのような業務をするのか、任務遂行するのに必要な条件や環境を分析し、業務をこなす人間像を調査していくのが望ましい。

　これだけでも、必要なスキルが浮き彫りになってくる。スキルは獲得可能な能力の意味合いが強い。よってその能力を証明するため、資格を取得するという方法も思いつく。

　また内定はもらったが、希望職ではないという状況もあるだろう。この場合はＳＥＡＬｓのようにすばやく、テクニカル・スキルの切り替えをおこなえばよい。他の２つのスキルは、そのまま使えるはずである。

MEMO

戦略的にスキルや資格を磨け

スキルや資格は就職戦線突破のためには、どれだけ必要なのか。

あなた本人のスキルの保証という意味で、資格は効果的である。なぜなら、資格発行団体のお墨付きがあるからだ。

どんな資格を取ればよいのか。できれば、あなた自身を高める付加価値を考えたい。コンセプチャル・スキルやヒューマン・スキルの視点を重視するほうが付加価値はつきやすく、汎用性がある。

現在、国内では３つの資格がある。法律に基づいた国家資格、官庁や大臣が認定する公的資格、民間資格である。これら３つをうまく使い分けると、戦略的な〝キャリア〟が作りやすい。

資格を取得したあとは、実務経験を積んでおこう。

そう、自己研鑽である。〝有資格者かつ実務経験者〟は即戦力として期待され、優遇されやすい。

MEMO

原則15

潜在能力を意欲で引き出せ

〝自分にはなんの能力もスキルもない。自信があるのは体力と愛国心だけだ〟。そんな若者でも、米国海兵隊は受け入れる。

適性検査や薬物検査、犯罪歴チェックなどは当然におこなわれるが、さほど選抜は厳格ではないとリクルーターは語る。新兵訓練を通じて、彼らが有能なリーダーに変身する可能性を信じているからだ。

ヒトには意識と無意識がある。〝自分に能力はない〟と思い込んでいるだけかもしれない。そもそも18歳の若者に、完全な自己理解を求めるほうが難しい。

だからこそ、リクルーターは〝ある部分〟だけを確認し、本人の合意のうえで志願兵訓練所へ送る。若者は海兵隊員となるための基礎を12週間かけて叩き込まれ、海兵隊は彼らの夢を支援する。

リクルーターが確認する〝ある部分〟とは、志願兵の〝意欲〟だ。若者は最初からラ

MEMO

イフルを撃てるわけでも、７００メートル先の敵兵を狙撃できるわけでも、銃弾が飛び交う海岸線に上陸できるわけでもない。

海兵としての任務を遂行できるのは、意欲なのだ。過酷なトレーニングを克服できれば、自信や誇りが、意欲をより高める。

ＣＩＡ諜報員もおなじプロセスを経る。中央情報局へ入職後、彼らは国家職員としての基礎訓練を数ヶ月受けることになる。

その後、極秘施設において、諜報員になるためのイロハが徹底的に叩き込まれる。そこで試されるのは華やかなスパイ技術ではなく、自分自身の潜在能力と意欲である。

海兵隊や中央情報局の方法から、何が学べるだろうか。

そう、〝意欲〟こそが最強キャリアをつくる基本である。意欲は自らの力で高めることができる。潜在能力を顕在能力へと変化させ、新たな自分へと到達させられる。

彼ら本人の〝生き方〟を、どこまで支援できるのか。海兵隊の充実したバックアップ体制が、本人の意欲を強化していく。

これをあなた自身の就職戦線におきかえてみよう。

試験を突破するため、意欲をもってあなた自身の能力をどう磨けばよいだろうか。

MEMO

意欲はあっても、その方法が見つからなくても心配はいらない。自分に欠けているものを見極め、補っていけばよい。たとえば、足りない能力をプラスにかえていくために必要な情報を集めよう。

まず、あなた自身の能力を2つの職業能力観から考えてみる。すると「労働移動を可能とする能力」と「企業内で継続雇用されうる能力」にわけられる。

これら2つは、「雇用されうる能力（**エンプロイアビリティ**）」と呼ばれている。個人が自助努力によって身につける能力と、企業の支援を受けて身につける能力というかたちとして、多くの企業が意識しはじめている。

企業はあなたの「コンピテンシー」にも注目している。

コンピテンシーとは、率先行動力、達成志向性、問題解決力などの行動様式である。よって、まずは、コンセプチャル・スキルとヒューマン・スキルの意識化と能力の向上が最優先課題となる。

エンプロイアビリティ（employability）　技術革新や産業構造の転換に伴い、変化する労働市場に対応して雇用機会を確保。かつ雇用を継続できる能力を、個々の労働者が身につけることが重要であるとする考え方。

意欲とともに潜在能力を開放しろ

あなたは学生なのか、それとも在職中なのか、失業中なのか。立場や環境によって、能力を身につけて伸ばす具体的な戦略は異なる。

それでも共通点はある。

第９次職業能力開発基本計画では、職業訓練の重要性が指摘されている。ここから共通の戦略が使える。その戦略が、公的機関の活用である。

厚生労働省のハローワークでは、さまざまな無料サービスを受けられる。セミナーや講習など、経験値を高めることもできる。134ページで後述する「ジョブ・カード制度」の活用もその１つであり、民間の就職情報サイトや就職斡旋機関を活用する方法もある。もちろん、キャリアコンサルタントへの相談もある。

大切なのは意欲を持って、行動してみることである。行動することで意欲が高まることもよくある。少しでも動けば、あなたの環境は変わる。環境が変われば、目に映る景色は新鮮に見えていく。

MEMO

心得16

生涯を通じたキャリアを描け

米国海兵隊は興味深い組織である。それゆえ、MBA大学院ではケース・メソッドで取り上げられることがある。

ケース・メソッドとは意図的に構成された教材を用いて、学習者同士の討議を繰り返すことで、実践力を身につける教育手法である。学生にとって、海兵隊の戦略や組織論は企業のそれらを学ぶ以上に参考となる。

たとえば、進路がそうだ。海兵隊員の入隊後のキャリアはわかりやすい。採用と訓練は一本化され、昇進の道は誰にでも開かれている。採用と新人教育が異なる一般企業と、この時点ですでに違いがある。

昇進の基準も厳しい。意欲があり、能力やスキルを自律的に高められた人材にこそ、昇進の階段を登るチャンスが巡ってくる。

ルールが明確だからこそ、任期切れで隊を去る者もいれば、自らの意思で延長する者

MEMO

もいる。順調に昇進できれば、海兵隊に〝生涯を通じたキャリア〟を捧げることが可能なシステムでもある。

この雇用システムのなかで育った海兵隊員は退役後も、意欲次第で成長していく。まさにエンプロイアビリティのお手本である。

私が以前、関係していた米国カリフォルニア州の民間情報分析会社も、海兵隊出身者ばかりだった。なぜ、元海兵ばかりが雇用されていたのか、その意味が今だからこそ理解できる。

著名な米国企業の経営者も、元海兵隊員が多い。ドミノ・ピザ、クライスラー、フェデラル・エクスプレス、メリル・リンチ、ニューヨーク・タイムズなど、さまざまな大企業に名を連ねている。

ここまでの企業のトップに海兵隊員が名を連ねていれば、異業種間のつながりも活発となる。海兵隊員という絆で結ばれている以上、さまざまな連携が取れる。これもまた、海兵隊特有の強みである。

もちろん、米国海兵隊が〝生涯を通じたキャリア〟をすべての海兵に保障できるわけではない。それでも、その手段や道筋を提供することに努力は惜しまない。ここもまた、

MEMO

一般企業とは違う点ではないだろうか。

海兵隊での〝生涯を通じたキャリア〟は、魅力的である。

なぜなら個々の海兵隊員は自分自身の能力が証明できる環境のなかで、意欲を持って前に進んでいけるからである。自立と自律的行動を後押しするシステムは、とても有効的である。

ちなみに、日本国内はどうだろう。参考になるシステムはあるだろうか。

海兵隊のような能率的なシステムほどの影響力は持たないが、国家戦略の1つとして、個々の「生涯キャリア」と「職業能力証明」を明確化させるシステムが動きだしている。

それが政府の「日本再興戦略」改定2014に基づき、2016年からフル稼働がはじまる「ジョブ・カード制度」である。この制度は内閣府、文部科学省、厚生労働省および経済産業庁の後押しをうけている。

このカードの目的は、個人のキャリア向上と多様な人材の円滑な就職支援にある。学生、在職者、求職者等、幅広い範囲において、相談支援、求職活動、職業能力開発での活用が想定されている。

具体的には、キャリアコンサルティングなどの相談業務をベースとして、職業生活設

MEMO

計や経験の棚卸しをおこなう。職業教育訓練の受講や、自らのキャリア選択の設計図の作成もできる。

免許、資格、教育・訓練歴および評価、職務経験、などの情報を整理しつつ、応募書類の作成などに活用していく。これらはキャリアコンサルティングの基本資料としても、電子ファイル化される。

ジョブ・カードで生涯を描け

ジョブ・カードでは、学生は受講したキャリア教育プログラムや企業インターンシップの状況を記録できるようになる。自らの能力や自己目標を記入しつつ、就職戦線突破の道筋をクラウド上で自主的に管理できるようになる。

仕事を持っている者は、社内でのキャリアアップと転職の双方で使える。職業生活設計や職業能力、そして受講した教育訓練の「見える化」が可能となる。

求職者にとっても、ジョブ・カードは重要な役割を持つ。教育訓練受講のためには、作成が必須の条件とされることがあるからだ。

MEMO

条件が合えば、企業での実習と教育訓練機関等での座学を組み合わせた有期実習型の職業訓練を受けられる。訓練終了後の評価と双方合意があれば、正社員への道も夢ではなくなる。

ジョブカードの作成は、「ジョブ・カード作成アドバイザー」との協働作業となる。ハローワークや「キャリア・コンサルネット」（237ページ参照）であなたに合ったアドバイザーを見つけて、話してみるとよいだろう。

MEMO

原則17

目標は具体的に設定せよ

あなた自身の強み、価値観、やりがい、やりたい職業や仕事への基礎知識は、そろそろ深まってきたのではないだろうか。

では、次の段階に入ろう。どこから就職戦線を突破するか、具体的な作戦を検討していく。

目標設定はとても重要だ。今後のキャリアを左右する人生の分岐点となるため、慎重に取り組むようにしたい。

まずは、目標設定の取り組み方を紹介する。我流で考えるのではなく、ここではフレームワークを使うことにする。なぜなら頭を整理しながら目標を設定できるため、効率的だからだ。

ここでは、「**METT-TC**」を使うことにしたい。

このフレームワークは米国陸軍式のシステム思考の１つで、小規模部隊の指揮官が必

METT-TC　任務を達成する上で重要な状況の要素を分析する方法のことで、特に戦術の計画、実施、評価を目的として考案されたもの。

ず学ぶものである。数々の実戦で使われており、完成度が高い。

ＭＥＴＴ－ＴＣは任務、敵、地形・天候、部隊、そして時間を意味する。そしてイラクやアフガニスタンの戦いを経て、Ｃ（民生状況）が最後に続く。

戦場では、指揮官が瞬時に意思決定を下していく。同じように就職戦線では、あなたが自らの意思決定をしなくてはならない。

では、このＭＥＴＴ－ＴＣを就職戦線向けにおきかえてみよう。Ｍは就職戦線の突破、Ｅはライバル、Ｔは雇用市場の動向、Ｔは自己の強み・スキル・資源、Ｔは応募までのタイムリミット、Ｃは採用状況となる。

また就職戦線の突破では、目標は明確にする必要がある。そこで目標の設定に不可欠な６つの条件を加えて述べておく。

・目標は具体的であること
　中途半端な目標では、具体的な戦術を効率的かつ効果的に展開することは難しくなる。
・目標は確認できること

MEMO

どこまで自分が目標に近づいたのかを客観的に判断できてこそ、慎重かつ大胆な戦いが挑める。

・目標の期限を設定すること

〝いつまでにするのか〟を明確にすることで、何をいつすればよいのか、その優先度が見えてくる。

・目標は実現可能であること

理想を追い求めることは大切だが、成功率を高めるには、あなた自身の現状から到達可能な最大限の距離にある目標を見つけ出すように心がける。

・目標への筋道が明確であること

これは具体的な戦略と戦術が自分自身の頭の中で描けていることを意味する。ロジカル思考で破綻がなく、誰が見えても単純明快でわかりやすいことが要求される。

・明文化する

目標は「見える化」する。メモに記し、信頼できる相手に語ることで強化できる。実際の行動が加わることで社会心理学の自己成就予言のごとく、自ら期待

MEMO

通りの結果を生むようになれる。

ロジカル思考を目標設定せよ

目標設定は重要な項目である。

METT－TCを使い、まずは目標を見つけよう。

そこから具体的な戦術を立案していく。

どのような目標を決めて、就職戦線を突破するのか。その方法は1つではない。目標は本当に正しいのか、ロジカル思考で、トリプル・チェックしていく。さもないと、次の項目で取り上げる〝モガディシュの悲劇〟になりかねない。

少しでも不安や戸惑いを感じたら、キャリアコンサルタントを頼るとよい。あなた自身が立てた目標が正しいことを証明してもらえれば、あなた自身の納得感と意欲は倍増するはずだ。

また、新たな助言をもらえるかもしれない。あなた自身が気づけなかったポイントを指摘してくれることもありえる。となれば、さらにあなたの計画は現実的なものとなる。

MEMO

原則18

敵を知り、目標を設定せよ

〝目標はとにかく現実的に設定せよ〟。

これは過去の戦場からの教訓でもある。

不測の事態が起こる危険性は存在する。だからこそ目標設定の点検は念入りにおこない、リスクを軽減しておく必要がある。

１９９３年10月。ソマリアの首都モガディシュで、米陸軍対テロ部隊デルタとレンジャー隊員たちが**特殊作戦**を実行した。目的は、民兵組織の重要人物を拉致することだった。

しかし、ソマリア民兵たちは組織的な抵抗を開始。特殊部隊を運んだ輸送ヘリは撃墜され、激しい地上戦が展開されることになる。

本来、30分足らずで終わる予定だった作戦は、十数時間もかかった。そして、数多い死傷者を出す悲惨な結果となった。

特殊作戦　1993年10月3日に実行された作戦。激しい銃撃戦により、アメリカは2機のヘリコプターと18名の兵士を失う（米はソマリア民兵・市民350名以上を殺害）。のちに「モガディシュの戦い」と名づけられた。

このケースから学べることは何か。それは適切な目標設定がなされていなかったということだ。

その要因の1つとして、ヘリが撃墜された場合の対応策が挙げられる。寄せ集めの地上部隊が基地から救援に向かっているが、途中で道に迷うなどの不手際がおきた。これはつまり、事前にこうした事態を予期せず、準備を怠っていたことが伺える。

もっとも、彼らの目標設定が十分だったと仮定したとする。十分な準備をしていても、予測不可能な事態は起こりえるだろう。

とはいえ、小さな目標を途中で設定していたなら、悲劇は食い止めることができたはずである。〝輸送ヘリで使えば30分で作戦は終了する〟という過信が、非現実的で達成不可能な目標設定をしてしまったと分析できる。

では、現実的で達成可能な目標はどう設定すればよいのだろうか。

なにごとにも興味や関心を持ち、積極的に情報収集に徹すること。つまり、敵を知ることに尽きる。

目標設定では、敵の出方を予測すること。相手を見くびったり、慢心になったりしてはならない。

MEMO

敵の現状や編成を分析するのは当然だが、それだけは十分ではない。彼らの成り立ち、価値観、感情など、調べがつくものは徹底的に調査しなくてはならない。

衛星写真を使うこともあれば、現地に潜入した諜報員からの情報を用いることもある。無人偵察機を飛ばすこともあるだろう。大切なのは、多角的かつ多方面から情報を入手して把握することだ。

三次元で敵を知るほど、人物像が見えてくる。そうなれば、敵の動きも予測が可能となる。敵もこちらの情報を探っていることが予測できるときは、裏を欠く戦略や戦術が求められる。

モガディシュの戦いでは、敵の情報分析がうまく機能しなかったことも注意しておきたい。ＭＥＴＴ－ＴＣのＣの欠損、つまりは民生情報を軽視していたのである。

民兵が、米軍の動きを察知するのは難しいことではなかった。基地を監視していれば、武装した米軍兵士を乗せた輸送ヘリの編隊が出撃するのを目撃することができた。

MEMO

確実な目標設定をせよ

自分の力を過信することなく、目標設定は慎重におこなおう。さまざまな手段を用いて、敵を深く知ることが、就職戦線を突破するポイントとして大切なことになる。

ハローワーク、ジョブ・カフェ、四季報、就職情報サイト、キャリア・センター、会社説明会、就職セミナー、リクルーター制度。使えるものは積極的に使おう。

では、ここで考えるべき〝敵〟とは、誰のことだろうか。

企業の採用面接官という答えが、あなたから戻ってきそうだが、それは違う。本当の敵は、あなた以外の応募者すべてである。面接採用官は選ぶ側で、ある意味では友軍だ。公平な採用面接を心がけたいという気持ちを強く持っている。

採用面接では〝対比の原理〟がどうしてもはたらく。応募者を比較検討し、会社に適した、そして活躍を期待できそうな人材を選ぼうとする傾向があることを理解しておきたい。

だからこそ、あなた自身も長期と短期の視点から目標設定を練っておくと効果的である。

MEMO

原則19

目標から逆算して、点検しろ

目標設定の具体化について、話を先に進めよう。

イスラエル諜報機関モサドや米国海軍ＳＥＡＬｓ（特殊部隊）など、多くの諜報機関や特殊部隊では、目標設定を逆に捉える習慣がある。

逆に捉えるとは、どういうことか。

攻撃目標を一度設定し、彼らは時間軸を戻ってくる。成功の可能性を効率的に検討するため、時間を未来から現在へと巻き戻していく。

自分たちが何者で、どのようなかたちで如何なる任務に赴くのか。常日頃から戦闘スキルを磨きながら出撃に備え、目標設定では立ち止まって、綿密な分析をおこなう。

最終目標が上層部から伝えられるのは、作戦開始の間際が多い。秘密が外部に漏れないようにするためだ。関与する全チームの準備が整った段階で、主要部隊に明確な目標が与えられる。

MEMO

たとえば、「敵地に潜入し、橋梁を爆破せよ」という命令が下ったとする。命令をうけて、彼らがすぐに出動することはありえない。

実行部隊は〝いつ〟、〝どこで〟、〝どのタイミングで〟〝どのように爆破すればよいのか〟などを細かに点検していく。情報を整理しつつ、現在の時間へと逆算をおこなう。

なかでも、目標設定の点検は慎重におこなわれる。この作戦で述べれば、「いつまでに爆破すればよいのか？」がスタート地点となる。

ここから、細かい分析がはじまる。「爆薬を仕掛ける時間は？」「敵勢力の配置は？」「LZ（着地地点）から橋梁までの距離は？」などといった疑問をクリアしつつ、話を戻してくる。

こうした繰り返しをおこなうことで、最終的な出撃日時や時間を割り出す。それまでに装備をそろえたり、足りない訓練を急ピッチで終わらせたりすることになる。

目標設定では、長期目標と短期目標、双方の設定が大切である。

橋梁の爆破は長期目標となるが、爆破を成功させるためのさまざまな準備は短期目標として見なされる。もちろん、爆破後の脱出計画も含まれる。

最終目標からの逆算が、うまくいかない状況もありえる。どう考えても犠牲が生じる、

MEMO

または時間が足りずに橋梁の爆破は困難である、という場合である。

もし、目標設定からの逆算した点検で問題が数多く起きたとしたら、作戦自体に無理があることを示唆している。計画自体の見直しや作戦の延期を、ロジカルに進言することが好ましい。

無謀な計画をそのまま受け入れ、任務を遂行する諜報員や特殊部隊員はいない。40ページで述べた4S（状況、自己、資源、戦略）やMETT－TCで再度、点検をおこなうことが基本である。

日本でもかつて、目標設定を失敗した悲惨な事故が起きている。

1902年に起きた**八甲田山雪中遭難事件**である。旧日本陸軍第8師団歩兵第5連隊は冬季軍事訓練において、訓練参加者210名の9割以上の死者を出した。

目標は短期と長期にわけろ

就職戦線を突破することが本書の目標であるが、あなたにとっての最終目標ははっきりしているだろうか。それは明言できるだろうか。そして、到達可能なものだろうか。

八甲田山雪中遭難事件　青森県の八甲田山にて冬季訓練のために行軍していた日本陸軍兵士、参加210名中199名が死亡した事件。

〝私にもできる！〟と思える実現可能な目標になるほど、ヒトは意欲がわき、動機づけられる。自分の限界点ギリギリにある目標ほど、やりがいを感じる。

達成可能と思える目標であるほど、現実的な逆算がおこなえる。途中の経過地点となる、短期目標もはっきりしていく。

〝いつまでに何をすればよいのか〟、〝足らないものはなにか〟〝自分はどこから第一歩を踏み出せばよいのか〟など、具体的な戦術も検討しやすくなる。

目標を設定しても、戦略と戦術がうまく見つからないこともある。

このときは目標が曖昧であるか、目標設定が誤っている危険性がある。障害が多い、もしくは簡単過ぎるときも、更なる点検が必要となる。

それでもうまくいかなければ、ゼロベースで考えなおしたほうがよいだろう。もしくはできている部分、うまくいっている部分までもどって再考していこう。

MEMO

原則20
さまざまな角度から点検しろ

敵地の偵察では、地上から目視できない高度1万メートルの輸送機から特殊部隊員を降下させることがある。３００メートル以下の低高度まで急降下させ、落下傘を開いて着地させる。

着地後、特殊部隊員は偵察目標へと距離を詰めていくが、そのルートは計算され尽くされている。敵の目を欺くルートを基本的には選ぶが、危険を回避するために迂回路を使うこともよくある。

このルートは念入りに決定される。チェック・ポイントをルート上に設定し、通過時に本部への連絡をおこなっていく。

チェック・ポイントは地形図や衛生写真を基に、地形上の特徴から実行部隊が目視で確認できる地点が選ばれる。これが短期目標である。

選定の条件としては、装備を隠す、休息を取る、攻撃されたときに反撃および再集結

MEMO

するのに相応しい地形が挙げられる。砂漠や山岳地帯、市街地など、作戦地域によって、詳細は変化する。

手順としては地形を読み解き、適切なチェック・ポイントを複数設置する。その後、METT－TCの情報を使用していく。

任務、敵の所在、地形や天候の変化、援軍の位置、作戦遂行の所要時間、地域住民の動向によって、適切なチェック・ポイントをつないでいく。点から線と変えるのだ。

イラクやアフガニスタンでは、C（民生情報）が重要な項目となる。なぜなら、作戦地域には遊牧民などが生活している可能性が高いからである。友好勢力、中立勢力、敵対勢力のいずれかによって、チェック・ポイントとルートは変更せざるをえない。

では、今まで学んだ手順を振り返ってみよう。

・まず現状を把握し、最終目標を設定する
・時間軸に沿って逆算してくる
・逆算がうまく進めば、目標設定は妥当である
・METT－TCで今一度、情報を洗い出す

MEMO

・チェック・ポイントを選び、複数のルートを洗い出す
・成功率が高いルートを選出し、チェック・ポイントを確定する

これで目標設定は完了である。

しかし、作戦立案は終わりではない。行動ルートは異なる方法を用いて、何度もチェックする。抜けや漏れ、そして間違いがないかを探るためである。

点検プロセスの一例を次に挙げる。

・目標の再確認：任務は妥当で、具体的かを判定する
・現状の再確認：現状と目標までのギャップを明確化する
・道筋の再確認：ギャップを埋める行動ルートを分析する
・資源の再確認：チームの人材・武器弾薬および支援体制を点検する
・障害の再確認：任務を阻害する問題点、回避・対処策を検討する

この最終点検で問題点が浮上しなければ、作戦はいよいよ実行へと移される。

MEMO

違った角度から点検せよ

チェックを重ねることで行動ルートの安全性は確保され、不安や心配が消える。何度も確認し、障害への回避策や対応策を高めるほど、自らの自信と意欲は高まっていく。

就職戦線を突破するときも、同じプロセスがあてはまる。

なかでも小さな目標の設定は重要である。チェック・ポイントをしっかりと現実的に設定していくことで、就職活動のステップは現実味を帯びていく。

終わりのない就職戦線は存在しない。

明確なゴールを設定し、小刻みに進んでいこう。

あなたは必ず達成できる。

万が一、道に迷っても焦ることはない。1つ前のチェック・ポイントに戻って作戦を練りなおすことで必ず、うまく修復できる。

MEMO

原則21

合理的に意思決定せよ

課報機関や軍における目標設定では、さまざまな選択肢が事前に検討される。選択可能な道をすべて洗い出したうえで、それぞれの価値を分析しながら決定していく。

選択肢のメリットやデメリットは、詳細に検討される。そのなかから最良の選択肢が、暫定的候補として残されることになる。

意思決定するためには、メリットとデメリットの比較が大切である。重装備で敵地に降り立つのか、現地調達を見越した軽装備でいくのか。何かを選ぶということは、何を捨てるかということである。よって、後悔しない意思決定が求められる。

就職戦線の突破でも、同じことがいえる。会社を選ぶとき、あなたは達成感や充実感を得られる仕事を重視することもあれば、賃金や労働時間を重視することもあるだろう。それぞれの選択肢を予測し、結果と価値を見極め、最後に選択肢を決定しているはずだ。

MEMO

意思決定をより合理的に考えてみよう。

米国の臨床心理学者**ハーズバーグ**（Frederick Herzberg）は、達成感や充実感が満足を引き起こす「動機づけ要因」、賃金や労働時間が不満足を引き起こす「衛生要因」の2要因理論を唱えている。

この理論によると、達成感や充実感が満たされるほどやる気は高まるが、満たされなくても不満足は起こさない。一方、賃金や不本意な残業は不満足を引き起こすが、満たされてもやる気は高まらないという。

さて、あなたの意思決定は合理的だろうか。

意思決定は一度で終わることはなく、不確実性がともなう。目標に向けて歩き出せば、あなたが置かれる状況は変化する。その時々で、新たな意思決定が求められていく。

つまり、現実的には連続的な意思決定といえる。選択肢を選び、結果を予測し、価値を明確化して決定するプロセスを継続することで、就職戦線は納得して乗り越えられる。

もちろん、40ページで紹介した、状況、自己、資源、戦略の4Sを用いて乗り越えることもできるが、合理的な意思決定を導くためにはロジカル思考が大切である。複雑

ハーズバーグ　フレデリック・ハーズバーグ。アメリカの臨床心理学者。著書『作業動機の心理学』（1959年）のなかで、モチベーションの上昇と低下をもたらす要因は、別のものであるとする「二要因論」を唱えた。

で不明快な現状を単純化し、構造化しつつ、因果関係を探りあてられる思考が、あなたの安全と安心を高めていく。

このロジカル思考は視点を変えると、「原因追究型思考」といえよう。問題を特定し、原因を明確化し、解決策を立案する考え方である。

就職戦線を突破するためには、ロジカル思考による適切な意思決定が必要である。書類選考も面接選考も、あなた自身の創造性に富んだ、ロジカルな裏づけがある意見があればこそ、採用担当者の興味をひけつけられる。

2つの思考法を使いわけろ

ロジカル思考は磨かれるほど、矛盾をすばやく察知できる。原因をいち早く探求し、解決策を見出せる利点がある。

とはいえ、すべての問題の原因を探し出せるわけではない。問題が複合的だったり、因果関係があいまいだったりする状況では、解明するのに時間がかかる。よって、瞬時を争う対応では効力を発揮しない。

MEMO

そこで英国やイスラエルなどの諜報機関や特殊部隊では、この原因追究型思考とは異なるアプローチを用いることがある。これが「成功追求型思考」（ソリューション・フォーカスト・アプローチ）である。文字通り、原因を追求することなく、問題解決を可能とする。

この思考法では問題には目を向けず、「うまくいっている部分」や「できている部分」に焦点を合わせる。任務遂行する時は、すでに成功している部分を確認しながら自信を強め、状況をポジティブに捉えつつ、個々の潜在能力と可能性を最大限に引き出していく。

現在、この思考法はペプシコやトヨタなどのグローバル企業でも採用されている。また、キャリアコンサルティングでも使用されており、私もソリューション・フォーカストをよく用いる。なぜなら、相談者の「うまくいっていること」「できていること」に焦点を合わせることで、相談者本人が納得できて、能力をのばせるポジティブ・チェンジがおこなえるからである。

MEMO

第3章

最強キャリアをつくる「10の対策」

対策01

ロジカル思考で戦線を突破しろ

いよいよ、ここから対策編に突入する。あなた自身が自らの力で最強キャリアをつくり、就職戦線を突破できるだけのノウハウを磨いていこう。

まず、すべきは敵情偵察である。企業は毎年、どんなヒトを雇っているのだろうか。その答えは、厚生労働省のホームページにある。たとえば平成25年度版「若年雇用実態調査」（次ページ参照）を見ると、雇用状況の分析が可能である。

企業が期待する応募者の条件としては、職業意識・勤労意欲・チャレンジ精神などが挙げられている。積極性が問われ、組織ではたらける基礎的な条件が応募者には要求されている。

次に要求されるのが、コミュニケーション力やマナー・社会常識である。会社では、個人プレイよりもチームワークが多用される。意思の疎通ができるか否かは、雇う側からすると重要なポイントとなる。

MEMO

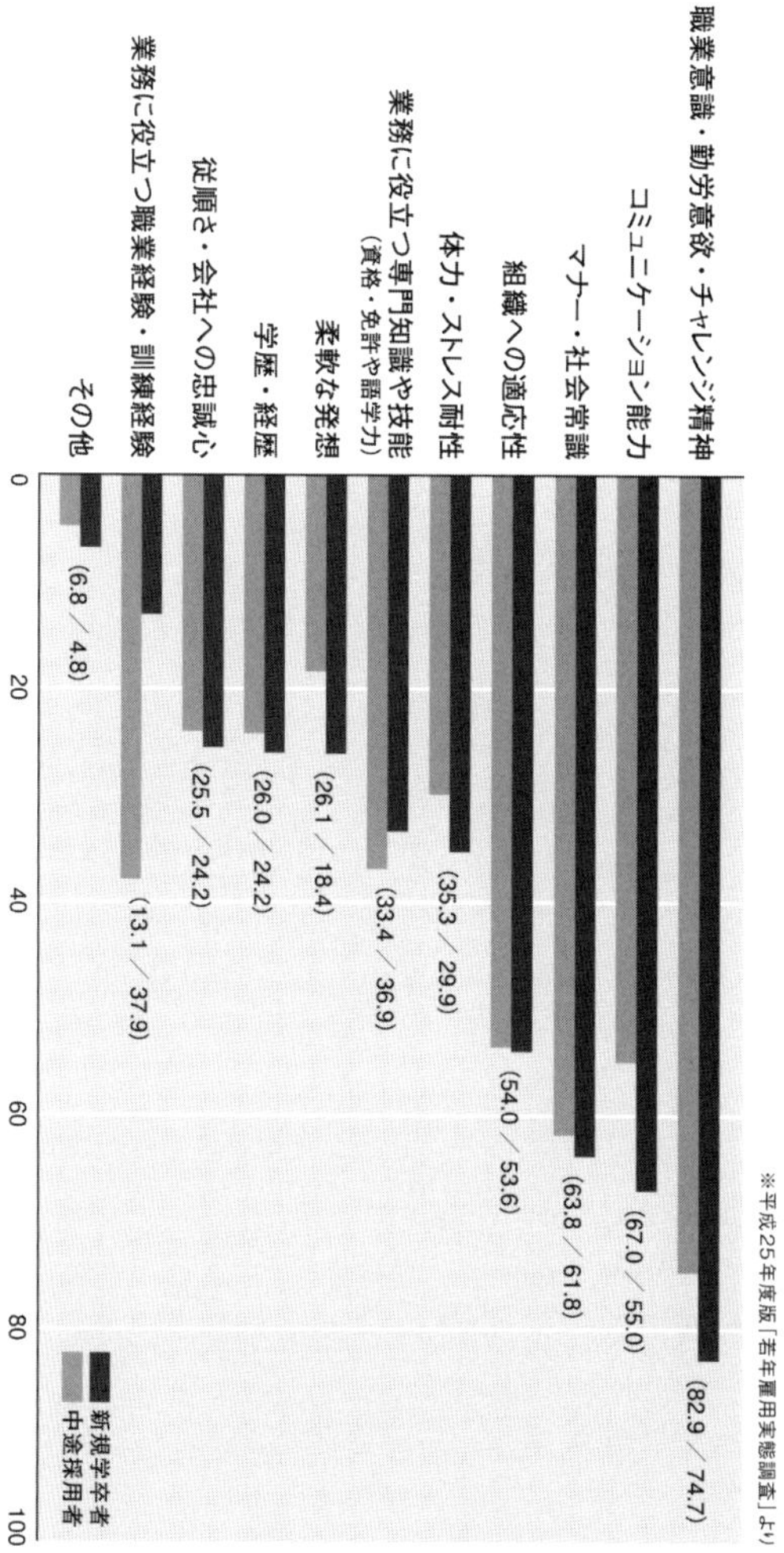

■正社員の採用選考にあたり重視した点別事業所割合
(新規学卒者、中途採用者それぞれで若年正社員を採用選考した事業所＝100)

学歴、そして会社への忠誠心はさほど問われていない。新規学卒者については、業務に役立つ職業経験もあまり重要視されない。このあたりは、あまり気にしていないようである。

では、これらの情報から備えておくべき項目は何か。

それは〝意欲〟、そして〝会社との相性〟である。少なくとも何が得意なのか、何をやりたいのかなどをはっきりさせ、もっとも相性が良い会社を選ぶことが成功率を高める安全策となる。

入社試験では、あなた自身の思いをしっかりと企業に伝える。就職セミナーで学んだ〝成功することば〟ではなく、あなた自身のことばで伝えるほうが効果的である。

たとえば、採用面接で「簡単に自己紹介をお願いできますか」と問われたとしよう。就活セミナーで覚えて暗記したようなことばを使うよりも、面接官の目を見て、自分の気持ちを込めたことばを使うほうが好印象を与えやすい。

採用面接官は日々、さまざまな応募者の発言を見聞きしている。あなたのことばに耳を傾けながら、それが本心なのか、就活セミナーで教わったことばなのか、その見極めぐらいは可能である。

MEMO

企業の採用面接のトレーニングに出向くと、「応募者の多くがいまだに〝サークルや部活動のサブリーダー経験がある〟と語ってくる」と、採用面接官がため息まじりに私に話してくる。

もっとも就職戦線を突破する第一歩は、履歴書やエントリーシートになる。

採用担当者に自らの考えを伝えるためには、具体的にどのように書けばよいのだろうか。彼らが〝あなたに会ってみたい〟と思わせる方法を、知りたいことだろう。

最初の難関を乗り越えるために必要なのは、裏づけのある意見をしっかりと書けることである。書きことばとして、わかりやすく採用担当者に伝える力、ロジカルな思考を身につけることに尽きる。

それだけでも、〝他の応募者とは違うな〟という印象を与えられよう。これはもちろん、エントリーシートや履歴書で用いる書きことばだけでなく、採用面接で使う話ことばでも同じ法則が使える。

ロジカル思考はあなた自身の個性を引き出し、輝かせる効果がある。他人と差異化できる、あなた自身の武器となる。

ロジカル思考をやしなうには、３つのルールを覚えることからスタートしたい。

MEMO

・あなたの話には、主張があること
・あなたの話には、根拠があること
・あなたの話には、主張と根拠の関係が適切であること

職業意識や勤労意欲がどんなにあっても、それをしっかりと企業に伝えられなければ意味がない。あなた自身の発言に説得力があってこそ、採用担当者の心は動き、納得感がうまれる。

ちなみにロジカル思考の根拠は、〝データ〟と〝理由〟に区別できる。よって、あなたの意見・主張は、具体的な事実と理由で支える「三角ロジック」でまとめられるようにしよう。

では、次の問題を考えてもらいたい。

面接の場で、「日頃から大切にしていることは何ですか」と採用面接官に問われたとする。テーマが〝日々の挨拶〟であったとして、あなたはどちらに近い応答をするだろうか。

MEMO

答1：私は挨拶を大切にしています。自分から声をかけると相手も話しかけてくれますし、ことばを交わすことは大切だからです。

答2：私は挨拶を大切にしています。自分から率先して話しかけることで、暗い雰囲気はよい方向へと変わるからです。

答1と答2の違いにお気づきだろうか。答1は主張を繰り返しているだけだが、答2は主張と根拠が明確にあるため、説得力が強い。

■三角ロジックの例

データ	相手がポジティブに変わる確率は9割
理 由	声をかけると雰囲気がよい方向に変化する
意見・主張	私は挨拶を大切にする

対策02

演繹法でロジカルな答えを導きだせ

一次選考、二次選考、三次選考と、選考の数は企業によって異なる。そこをロジカルに考えてみよう。すると、あなたが突破しなくてはいけない関門は、2つだけであることが理解できる。

まずは書類審査を中心とする〝書きことば〟の関門。次に採用面接に代表される、〝話しことば〟の関門である。

就職戦線を突破するには、この2つの関門を突破する心構えとテクニックが必要となる。

ロジカル思考はどちらの選考にも効力を発揮する。なかでも論拠とデータで主張を補強する三角ロジックは、ロジカル思考の基本となる。

採用面接で「物事に取り組むとき、一人とチーム、どちらが好きですか」と質問されたとする。これはあなた自身の〝適性〟を問うているわけだが、三角ロジックを用いれ

MEMO

ば的確に返答できよう。

また三角ロジックに類似した、「演繹法」も効力を発揮する。

演繹法は観察した事実に対し、ルールを当てはていく。そこから、合理的に結論を導き出す思考である。

演繹法が使えるようになると、ロジカルな発想がよりできるようになる。ここでは論理学で誰もが学ぶ、有名な〝ソクラテスのケース〟で確認しておこう。

古代ギリシャには、ソクラテスという、著名な哲学者が存在した。彼は人間である。よって、「ソクラテスは人間である」という事実が導ける。

この事実に「人間は皆、死ぬ」というルールをあてはめてみる。

■演繹法の仕組み

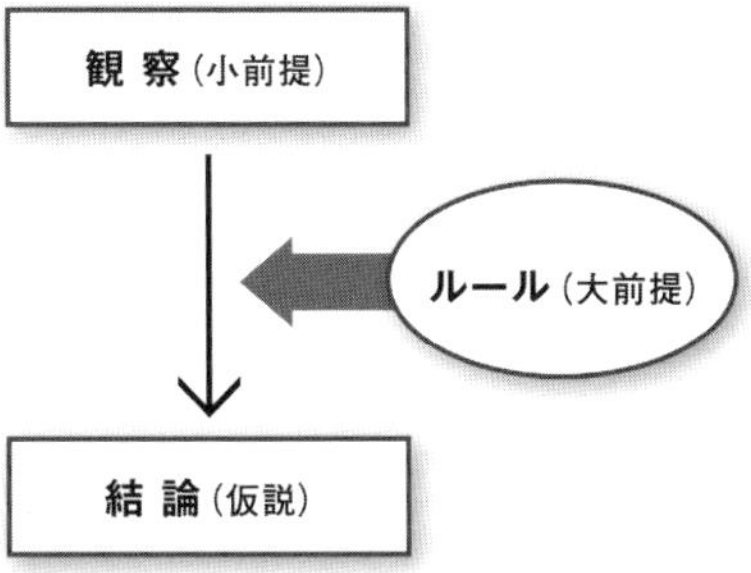

観 察	ソクラテスは人間である
ルール	人間は皆死ぬ
結 論	ソクラテスは必ず死ぬ

すると「ソクラテスは必ず死ぬ」という最終結論が導ける。

観察：「ソクラテスは人間である」
ルール：「人間は皆、死ぬ」
結論：「ソクラテスは必ず死ぬ」

では、この演繹法で採用面接のケースを考えてみる。

あなたは書類選考を見事に通過し、グループ面接に駒を進めたとする。

このとき、採用面接官は、横一列に並んだあなたたちに「働く上で、あなたのモチベーションを高めるものは何ですか？　また、何がモチベーションを下げますか？」と質問した。

あなたは、どのようにロジカルな返答をするだろうか。

ほかの応募者が即答しようが、落ち着いて考えよう。コンマ何秒でかまわないから、面接官の発言を分析してみよう。

採用面接官が〝何を問うているのか〟を今一度、考えてみる。

MEMO

裏話をすると、このタイプの質問は、応募者自身が自らの適性や自分自身を客観的に把握できているのかを確かめるためによく用いられる。

また応募者本人が金銭や地位といった外的要因を重視するか、やりがいや責任感などの内的要因を重視するかを探るためにも、効果的とされている。

では、演繹法でどのように返答したらよいのかを分析してみる。

今一度、問われているものを再確認し、ロジカルに返答するための準備を整える。

「私は仕事をする」（観察）
「仕事では何かがモチベーションを高める」（ルール）
「私は仕事をすると、モチベーションが高まる」（結論）

「私は仕事をする」（観察）
「仕事では何かがモチベーションを下げる」（ルール）
「私は仕事をすると、モチベーションが下がる」（結論）

MEMO

採用面接官が問うているのはなにか。それはルールの部分である。この論理は破綻がない。あとは落ち着いて、自分なりのルールを三角ロジック、もしくは演繹法できちんと返答すればよい。

あなたは一体、どのような答えを返すだろうか。

是非、考えてもらいたい。それぞれの問いに対して答えることもできる。ハーズバーグの理論を使うこともできよう。共通するルールを見つけだせれば、2つの問いに対して1つの答えを用意し、簡潔明瞭な返答もできる。

MEMO

対策03

帰納法で面接官をうならせろ

ロジカル思考では、話がつねに倫理的に進むわけではない。ルールや結論が、表面化されないこともよくある。なかでも自分と相手に共通認識があるとき、それらは省略されてしまうことが多い。

あなた「緊張しちゃうんだよね」
友達「面接でしょ。それ、マズイじゃん」
あなた「だよね。」
友達「じゃあ、今回もダメかもね」
あなた「おい、そんなこと言うなよ」

就職戦線を共に戦う友人との会話を見てみよう。ロジカル思考で考えると、この会話

MEMO

で語られていないのは何だろうか。

そう、ルールだ。

「自信がなくなってしまう」というあなたの主張に対して、友達「今回もダメだね」と結論を述べているが、具体的なルールは語られていない。

あなたと友達には「面接では自信を持つことが重要」という共通認識がすでにあったとする。対話を活発化させるため、ルールは省略されたとみなせる。

語られないルールを見つけ出す習慣を身につけよう。それができるようになれば、あなたは周囲から一目置かれることになる。どんな場合でも、ロジカルに応じられるからである。

もっとも、ロジカル思考は唯一の正解を見つけ出すことではない。あなたの考えに従って創造的である一方、誰もが納得できる具体的な仮説を作ることである。

では、このルールはどうすれば身につくのだろうか。

その答えとして、演繹法と一緒に「帰納法」を学ぶのがよい。なぜなら、演繹法のルールは帰納法で成り立っているからである。

帰納法とは、複数の事実の集合を観察し、共通する事柄を結論として導くロジカル思

MEMO

考である。複数の事実からの結論という意味では、観点を変えれば、異なる答えが存在することもある。

先ほどの「自信を持つことが重要」というルールをもう一度見てみよう。以下のような事実が事前に観察できているとしよう。

事実１「面接では、緊張すると話せない」
事実２「面接では、質問されると頭が真っ白になる」
事実３「面接では、他の応募者に圧倒される」

こうした事実から「面接では、自信を持つことが重要」というルールが導き出せる。二人の会話に話を限定しなければ、「面接では事前準備が重要」

■帰納法の仕組み

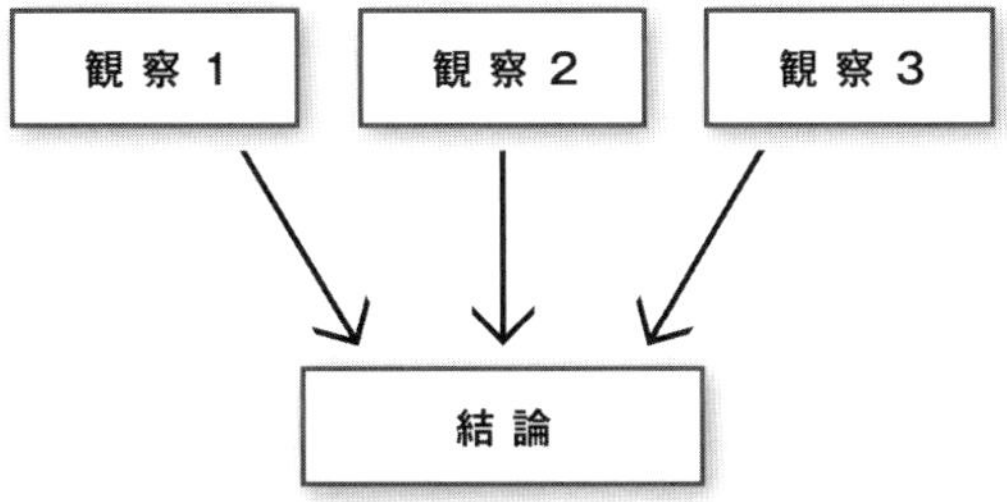

観察 1	ソクラテスは死んだ
観察 2	織田信長は死んだ
観察 3	坂本龍馬は死んだ
結論	人間は皆死ぬ

という、別のルールも導ける。

演繹法とは異なり、帰納法では結論が複数存在する。不確かな答えとなることもあるため、文脈や事実からもっとも適切なルールを導くことが大切である。

では、帰納法の練習をしてみよう。

入社試験の記述テストで、「あなたが過去に熱中し、ワクワクした体験を参考として、弊社で活かせると感じる、あなた自身の強みを90字以内で述べてください」という課題が課せられたとする。

あなたはどちらの回答に近い文を書くだろうか。

答1：私は大学時代、アメフト同好会のサブリーダーをしていました。勉強もそっちのけでスポーツにのめり込んでいましたが、チームワークの重要性を学んだので、協調性が私の強みです（83字）。

答2：私は大学の4年間、アメフト同好会で協調性を学びました。先輩後輩の関係、同期の関係、コーチから関係から、双方向性のコミュニケーションの大切さに気

MEMO

づけたことが私の強みです（84字）。

答1は主張の繰り返しであるが、答2は事実に基づいた結論を帰納法で述べており、あきらかに説得力がある。

ここに述べたのは、あくまでも一例である。ロジカル思考に正解はない。重要なのはあなた自身の〝論理の筋道と構造を明らかにして考えること〟である。

MEMO

対策04

因果関係を追求して会話しろ

就職戦線を突破するには論理的に考え、演繹法や帰納法を積極的に使うのが好ましい。自分なりの思考がしっかりとするほど、採用する側の主張や論拠も見えてくる。〝あれ、何か変だぞ〟という直観も養われていく。

ロジカル思考が使えれば、合理的な推論が可能となる。演繹法も帰納法も推論ではあるが、そこにあなた自身のオリジナリティのある考えが加わることで、誰にも真似できない強い武器となる。

ちなみにあなたの推論が価値を持つには、次の点がクリアになっている必要がある。まず、観察する内容が客観的に正しいこと。そして、観察する事象から意味的に遠ざかることである。

具体的に説明しよう。

たとえば、あなたが就職したいと考えている会社が突如、募集する採用者の数を例年

MEMO

よりも減らしたとする。あなたはどのような推論を導き出すだろうか。採用者の数を減らしたのはなぜか、その因果関係を探ってみるのである。

推論１：今年も不況なのか？
推論２：売上がよくないのか？
推論３：人員削減をしているのか？
推論４：大幅な組織改変が予定されているのか？
推論５：経営に混乱が起きているのか？

私なりの推論を５つほど書き出してみた。推論１から推論５に向かうほど、距離が感じられる。つまり、意味的に誰もが考えるような仮説ではなく、オリジナリティがある仮説となる。それゆえ、推論としての価値が出てくるのである。

事実とあなたの意見を区別することによって、筋が通った明快かつ説得力のある推論が生まれる。

このケースでは「どうして採用人数が減ったのだろうか。よし、まずは考えてから応

MEMO

募しようじゃないか」と閃ければ、ロジカル思考で探りを入れられる。

推論1の因果関係を考えてみよう。原因（A）と結果（B）の結びつきをチェックしてみる。不況を原因として、採用人数が減ったことを結果として捉えなおしてみる。

通常、因果関係の成立には通常、次の要素が関係する。

・相関性（Aが変化すれば、Bが変化する）
・時間的先行性（AはBより、時間的に先行して発生する）
・擬似相関関係の欠如（Bの原因はAだけで他に存在しない）

これに基づくと、不況だから採用枠が少ない、不況が採用枠の決定よりも先に起きている、不況以外の有力な原因がない、という要素は満たされていると断言できず、説得力を持たない。

これに対して、推論5はどうだろうか。不況という曖昧な情報とは異なり、企業内外からの裏づけ情報が取れるようであれば、因果関係は明確になりやすく、推論の価値は高まる。

MEMO

もちろん、因果関係には強弱がある。原因が複合的なこともあれば、原因と結果がお互いに作用し合うこともある。はっきりと断言できないこともありえる。

大切なのは自らの推論に基づき、裏づけをとることである。会社の実情を事実にもとづいて推論を確かめていく。また、これこそが諜報員たちが扱う情報分析の基本である。

具体的に考えるほど、書類選考と面接を突破する手がかりが見えてくる。どういう人材が欲しいのか、社内はどのような状況なのかなどが推論できる。

また、ロジカル思考を用いて誰かを説得するには、感情にも注意しておこう。相手の感情をしっかりと捉える必要がある。

人は「いま、ここでの感情」で動きやすい。「私の意見は裏付けもあるし、正論である！」という態度や発言は、相手に傲慢な印象を与え、反感を招きやすい。事実であればあるほど、相手は拒否反応を示してしまう。

大切なのは相手に対する思いやりをもつこと。これは諜報員の鉄則でもある。

相手を無条件で認め、あたかも相手が感じているかのように考えや感情に理解を示す。信頼を勝ち得るため、ロジカルでいながらも、温和な態度で採用試験には臨もう。

MEMO

対策05

フレームワークで問題は解決せよ

あなた自身の強みや能力、そして働きたい意欲を企業に伝えるには、ロジカル思考が必要である。三角ロジック、演繹法、帰納法を駆使し、自らの考えをしっかりと分かりやすく伝えていこう。

もちろん、採用担当者の質問の意図をきちんと解釈することも要求される。たとえば、採用面接では「あなたはどんなことが好きですか」と漠然とした質問が問いかけられることもある。

このときは早合点してはならない。答えに飛びつくことなく、質問がなされた文脈を論理的に解釈し、「それはさきほどおっしゃった業務内容のことでよろしいでしょうか」などと、相手の意図を確認していこう。

ロジカル思考をより戦略的に使うときは、構造化に心がける。構造化とは、要因を分類整理し、体系的に語ることである。

MEMO

構造化で用いる手法はさまざまだが、ここではグルーピングとフレームワークの２つを取り上げていく。就職戦線を突破するためのツールとして学びやすく、活用しやすいからである。

まず、同じものと違うものを分類するグルーピングから述べよう。理想としては、〝MECE（ミッシー）〟と呼ばれる漏れやダブりがない状態で整理するとよい。

たとえば、自動車をグルーピングすると乗用車・トラック・バスといったグルーピングが可能となり、食事であれば、和食・洋食・中華とグルーピングできよう。

また、採用面接で「あなたの強みを３つほど挙げてください」と質問されたと

■ MECEの概念図

白い部分はモレ、濃いグレーの部分はダブリ

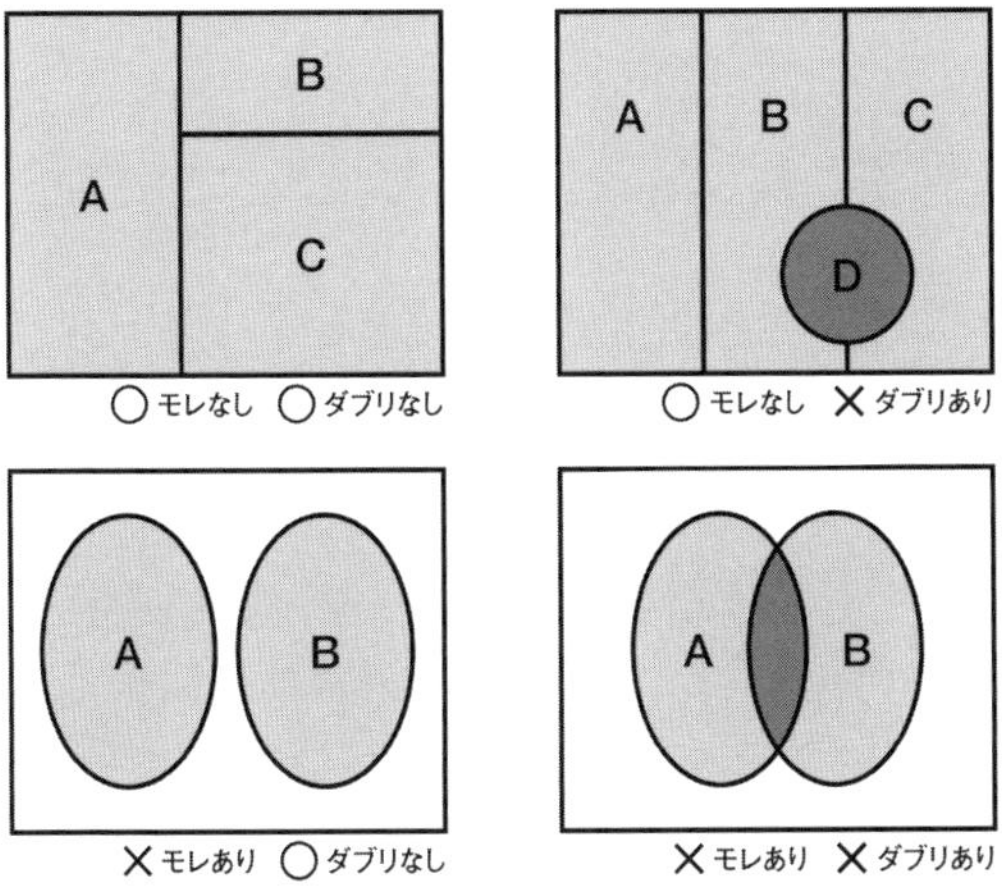

する。このときもMECEを考慮した返答をするのが効果的である。

答1：「私の強みは、率先力、課題解決力、チームワークです」

答2：「私の強みは、率先力、実行力、傾聴力です」

答1のチームワークはロジカルなグルーピングだろうか。そして、きちんと構造化できているだろうか。

チームワークは、率先力や課題解決力と同じレベルの項目とは異なる。これが、「行動する力、考える力、チームで行動する力」というような論理展開であれば、漏れや抜けがあるとしても、レベルがある程度揃っていることになる。

答2はもちろん、レベルがほぼ揃っている。

企業の採用担当者は日々、数多い応募者を選抜している。あなたがもし、答1のような話し方をしてしまったときは注意を要する。

「チームワークとは具体的には？」と質問を返されるなら、まだ見込みはある。しかし、

MEMO

首を傾げながらスルーされそうになったときは、すばやく挽回したほうがよいだろう。

グルーピングを用いた考え方は書類選考だろうが、面接だろうが変わりない。書類では、特に間違ったレベルでの項目を出さないようにしたい。採用担当者は何度も履歴書やエントリーシートを読み直せるため、こうした間違いにより気づきやすい。

また、グルーピングをするのが苦手だというヒトは、フレームワークを使う方法がある。フレームワークは、ロジカル思考の枠組みを通じ、〝MECE〟で分析しやすいため、とても役立つ。

具体的なフレームワークとして、**3C、4P**、SWOTなどがある。それぞれ目的と用途別に使い分けることになるが、今回は就職戦線を突破する際に重宝するSWOT分析を取り上げたい。

SWOT分析は本来、経営戦略や組織改変のためのツールだ。組織内外の環境を分析する、基本的なフレームワークである。

具体的には好ましい外的な機会（Opportunity）と好ましくない外的脅威（Threat）、好ましい内的強み（Strength）と好ましくない内的弱み（Weakness）、を分析していく。

SWOT分析は企業だけでなく、個人でも十分に活用できる。自分自身にあてはめ、

3C、4P　3Cは、Customer（市場）・Company（自社）・Competitor（競合）の頭文字で、市場と競合を分析し、自社戦略に活かす方法。4Pは、Produt（製品）・Price（価格）・Place（流通）・Promotion（プロモーション）を意味するマーケティング戦略。

あなた自身がおかれた環境の脅威と機会、そしてあなた自身の強みと弱みを客観的に振り返ってみよう。

分析は、OとTから分析を開始するのが好ましい。SとWからはじめると自分の強みや弱みを意識し過ぎて、外部環境にたいする視野が狭くなり、客観的な分析ができないことがある。

まず、あなた自身がコントロールできない雇用環境や求人動向といった外部環境、つまりは労働市場を幅広く分析する。

そのあとで自分の強みや弱みを明確化し、SWOTを完成させるのが望ましい。

■SWOT分析の基本

内部環境	強み(Storength)	弱み(Weakness)
	自分が、他人よりも優れた・勝てる・得意なところは何か? (どのように強みを活かすか)	自分が、他人よりも劣った・負ける・苦手なところは何か? (どのように弱みを克服するか)
外部環境	機会(Opportunity)	脅威(Threat)
	自分にとって有利な・安全な・役立つ市場の変化は何か?	自分にとって不利な・危険な・負担増となる市場の変化は何か?

対策06

フェルミ推定で難題を解決しろ

事実に基づいて結論を導きだす。採用試験ではロジカル思考が不可欠だが、推論を立てるための情報が手に入らないこともある。このときはどうすればよいのだろうか。採用面接官の質問に、「わかりません」と答えたくはない。おおざっぱで構わないので、おおむねの概算を推測することが大切となる。

なぜ、私はこんな話をしているのだろうか。それは、実際の採用面接で無茶な問題が出題されることがあるためだ。

問：「米国のシカゴには何人のピアノ調律師がいるか」

これは有名な問題だが、あなたはすばやく調律師の数を答えられるだろうか。

模範解答は「約１３０人程度」となる。この数値は仮説でしかないが、多くの人々を

MEMO

納得させられるだけの論理が存在する。
では、130人程度となる根拠を解説しよう。

・シカゴの人口を、まず300万人と仮定する。
・1世帯あたりの人数は、両親と子どもの3人と見なす。
・10世帯の中の1世帯だけがピアノを持っていると仮定する。
・ピアノ1台の調律は年に1回とする。
・調律師が1日に調律できるピアノの数は3台と見なす。
・調律師は週休二日として、年間約250日働くと仮定する。

これらの仮定を推論すると……

・シカゴの世帯数：約100万世帯（300÷3）
・シカゴのピアノの総数：10万台程度。（100÷10）
・一人の調律師が手がけるピアノ台数：750台程度（250×3）

MEMO

・調律師の数：130人程度（10万÷750）

よって、130人程度となる。おわかりいただけただろうか。

この仮説や推測を重ねる方法は「フェルミ推定」と呼ばれている。フェルミとは、原子爆弾の開発者であるイタリア人物理学者エンリコ・フェルミ氏のことだ。

フェルミ推定は、必ずしも正しい答えを導き出すために用いられるわけではない。ロジカルな思考力を高めるため、身につけておくと重宝する手法である。

フェルミ推定に答えるときに重要となるのは、一般的な基礎知識である。

たとえば、人口、国土面積、平均寿命、フリーターの平均年収、大企業の数などを知っておけば、フェルミ推定はおこないやすい。

採用面接官に「日本国内にある郵便ポストの総数は？」と訊かれたら、慌てずに国土面積をイメージしてみる。そして、郵便ポスト1つあたりの面積を考えることで、日本の面積÷ポスト1つあたりの面積という公式を導けることに気づける。

具体的に計算してみよう。

日本の国土面積は約38万㎢。これを漏れなく、ダブりなく、山地と平地へと区分けす

MEMO

る。山地を全体の3／4、平地を1／4、山地はさらに無人地域1／3、有人地域を2／3とする。

さらには郵便ポストが実際にどれだけあるかを、実感的に考えてみる。人の速さは平均時速4キロである。そこで平地では15分も歩けば郵便ポストに出会うと仮定し、山間部では30分は必要だとすれば、それぞれ1㎢と4㎢という計算が成り立つ。

あとは、公式〝日本の面積÷ポスト1つあたりの面積〟にあてはめて計算すればよい。

フェルミ推定については、〝論理的思考力は測れても、将来業務で発揮できる能力は測れない〟という否定的な見解もある。以前は多くの企業で出題されていたが、今はそれほど出題される傾向が少なくなってきている。

しかし、フェルミ推定が絶対に出題されないとは断言できない。

なぜなら、私がビジネス日本語を教えていた台湾人学習者が採用面接に臨んだとき、フェルミ推定が出題されたからだ。

問題は次のとおりだ。

「スクールバスにテニスボールがいくつ入るかを答えなさい」

あなたなら、どう答えるだろうか。

MEMO

■フェルミ推定で全国の郵便ポストの数を計算する

日本の国土面積 約38万㎢

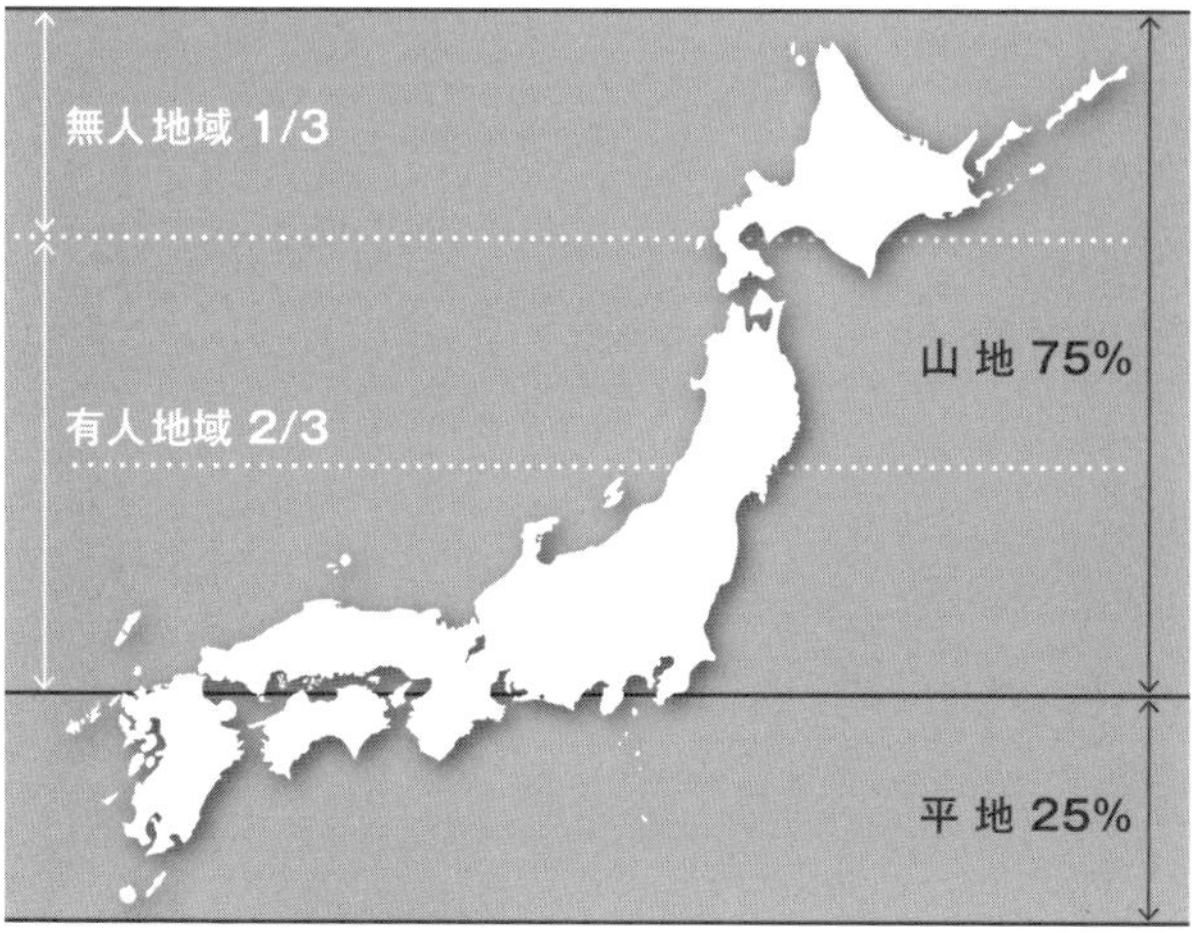

●山 地 ▶ 4㎢に1つ
●平 地 ▶ 1㎢に1つ

山 地 ＝ 38万㎢ × [3/4] × [2/3] ÷ 4
平 地 ＝ 38万㎢ × [1/4] ÷ 1

日本国内にある郵便ポストの総数は？

＝約142,025個

※日本郵政グループの「ディスクロージャー」誌（2015）誌によると、
実際の郵便ポスト設置数（2014年度）は、181,521本である。

対策 07

わかりやすい日本語を使え

書類選考にせよ、面接にせよ、伝えたいことをきちんと伝える努力をしよう。ロジカル思考を駆使しつつ、企業の採用担当者が理解できる、しっかりと伝わる日本語を用いるようにしたい。

論理的でありながらもわかりやすく、きちんと相手に伝える。そのためには、採用担当者の話をしっかりと聴く力が要求される。問われていることを明確化し、その相手の意図に答える努力をしよう。

書類選考であれば、ポイントを押さえた書き方が必要となる。問われていないことは答えず、問われたことを枠内で簡潔明瞭に記したい。

採用面接であれば、面接官の目を見て、頷きや相づちを使い、訊かれている内容を要約する必要も生じる。ときには質問を繰り返し、面接官の話を肯定的に受け止めたうえで返答していく。

MEMO

対話をうまく進める事前準備として、コミュニケーション・プロセスを理解しておくことをお勧めする。

コミュニケーション・プロセスでは、送り手が伝えたい事柄や気持ちは記号化され、口頭、電話、メールなどのチャンネルを通じてメッセージとして送られる。一方、受け手は送られてきたメッセージを受信し、記号解読して内容を理解していく。

しかし現実では、送り手が伝えようとすることがきちんと伝わらない、相手の考えが読めず、〝この人は何が伝えたいのか〟と戸惑うことが起こる。ヒトはそもそも、自分にとって都合がよい情報しか入手しない傾向が強いからである。

こうした問題の多くは、「ノイズ」と関係がある。ノイズとは、受信の際に起こる障害のことを意味する。

記号化、メッセージ化、チャンネル化、記号解読。どの段階でもノイズが絡む問題は起こりやすい。

これらのなかでもっとも解決しやすいのは、チャンネルの選択である。送り手は、受け手がスピーディかつ的確に受け取れるチャンネルを選んで送信すればよい。

記号化、メッセージ化、記号解読についてはコツが必要となる。なぜなら、個々の認

MEMO

知の枠組みといったノイズがさまざまな影響を与えるからである。

ヒトは自分本位で言動しやすく、興味や関心があるメッセージだけを受信する。自分に都合がよい情報には耳を傾けるが、そうでない情報には批判的になるか、無視しがちになる。

よってコミュニケーションではこうしたノイズを最小限に抑え、相手に間違った記号解読をさせない配慮が求められる。〝誰もがわかりやすい表現〟を用いて、記号化するのがベストだ。

わかりやすいメッセージは通常、受け手から見ると次の条件を満たしている。メッセージが「明確な構造」となっていること。そして「平易な表現」になっていることである。

明確な構造とは、結論と根拠もしくは主張と根拠がセットで述べられていることを意味する。ロジカル思考で「私の強みは○○○です。理由は～」というような話し方である。

では、平易な表現とはなんだろうか。

わかりやすい日本語を履歴書、エントリーシート、面接などで用いることに尽きる。

MEMO

省略しがちな主語をつけて、述語との関係性をはっきりさせる、具体的で簡潔な表現を用いる、適切な接続詞を用いる、の三点に心がけたい。

日本語は、主語を省いて会話する傾向が強い。相手にいわなくても理解できることは省くからである。

だからこそ、注意したほうがよい。書類選考も採用面接も、あなたのメッセージがそのまま伝わるように主語をきちんとつける。それだけでも好印象を生みやすい。

主語を明確にしたら、述語もはっきりと告げる。〝達成した〟、〝立案した〟、〝効率化した〟、など、意欲的で成果が確認できるようなことばを選ぶようにも心がけたい。

また大切なのは説明ではなく、描写することだ。相手が映像もしくはイメージで、あなたのメッセージを受け取れるように、あなた自身の日本語力を養うようにしたい。

文と文をつなぐ接続詞にも注意したい。

たとえば、「私は～と考えます（意見）」、「なぜなら～だからです（理由）」、「とはいえ、一方では～です（視点を変える）」、「結局、～というころです（結論）」という流れのロジックで話せれば、より効果的である。

日本語は英語や中国語と異なり、述語が文末に来る言語である。だからこそ簡潔明瞭

MEMO

にことばをまとめ、できるだけ短い文章にまとめて書く、もしくは話すようにする。

日本語の練習は、ジョブ・カードの作成を通じて、十分にできる。ジョブ・カード作成アドバイザーとの協働を通じて、自分なりの日本語力を磨いていこう。

MEMO

対策08

諜報員が話す日本語から学べ

日本に潜んでいる諜報員は、どれほどの日本語を話せるだろうか。流暢な日本語のレベルに達していなければ、諜報活動に従事するのは難しいと考えても不思議ではない。

前述したが、私は外国人の日本語会話能力を測定する国際資格を持っている。「いま、ここで何がどこまで話せるのか」をテストする**ACTFL**（全米外国語教育協会）の試験官資格である。

このテストは通常、ＯＰＩと呼ばれる。ざっといえば、〝外国人の日本語会話能力の熟達度を調べるインタビュー〟である。

このテストは、米国では諜報機関や政府機関で採用されている。被験者は試験官と一対一で向かい合い、30分間の対話テストを通じて、レベル判定がおこなわれる。

「日本語のレベルなんて、日本人である自分には関係ない」と、あなたは思われるかもしれない。

ACTFL　現在、日本では３つのACTFL-OPI研究会（東京の日本語OPI研究会、関西の日本語プロフィシエンシー研究会、九州の九州OPI研究会）が活動している。

しかし、現実はどうだろうか。

日本語をどれだけ使いこなせるのか、日本語が母語である私たちですら、自分たちの能力をチェックしている世の中である。

たとえば、民間資格の**「日本語検定」**がある。この検定は文部科学省や日本商工会議所などの後援を受けており、本来は日本人対象の記述式テストである。日本語検定合格者は秘書検定などと同じく、有資格者としてのアピールをすることができる。

ＯＰＩは日本語検定と異なり、外国人日本語学習者の会話テストであるが、日本人が受けてはいけないという決まりはない。それどころか、受けることであなた自身が得るものがある。ＯＰＩでは、話す能力の限界を見極めることができるからである。

諜報員などが受けるＯＰＩテストは、次のように実施される。

基本的には導入、レベルチェック、突き上げ、終結から構成される、トータル30分間のプロセスのなかでテストは実施される。テストは試験官との会話形式でおこなわれるため、事前の試験対策は通用しない。

導入は、ウォームアップからはじまる。被験者にリラックスしてもらい、母語から頭を日本語モードに切り替えてもらう。

「日本語検定」　特定非営利活動法人 日本語検定委員会が主催する日本語の能力検定で、日本の主要都市で年2回実施されている（韓国やアメリカなどでも実施されている）。1級から7級の受験級がある。

会話のレベルは、日常会話からおこなわれる。完全に話せる日本語のレベルを見極めつつ、具体的な話題についての説明や描写、そして抽象的な話題に対する裏づけのある意見を述べてもらうため、少しずつ難易度を上げていく。

レベルを上げながら被験者の能力をチェックすることを、ＯＰＩでは「突き上げ」と呼んでいる。つまり、被験者の限界を探るのである。ことばが出ずに沈黙が増えるまで、ロジカルな質問をしながら被験者の会話能力を極限まで確認していく。

突き上げでは、少なくとも３つの異なる話題について、それぞれ３つの異なる質問をぶつけていく。ストレートに被験者の意見を聞き、反論して意見をいわせ、さらに仮定的な状況について論じさせる、という流れである。

このＯＰＩを採用面接で使ったらどうなるだろうか。応募者は大学時代の話をしていたはずが、最後には「もし、あなたが大学の学長だったら、少子化問題をどう乗り越えますか」というような難易度が高い質問に答えなくてはならないのである。

あなたは大学の学長として、少子化に直面する大学の経営について、経営者としてのロジカルな返答ができるだろうか。そして、説得力を持った意見を述べられるだろうか。

ちなみに諜報員たちに求められる「ＯＰＩ日本語レベル：超級話者」と判定されるた

MEMO

めには最低でも次の条件をクリアしなくてはならない。

・裏づけのある意見が述べられる
・抽象的な話題についていける
・複段落で話ができる
・基本構文に間違いがない
・語彙が豊富
・誰が聞いても母語を感じさせない
・かしこまった敬語やくだけた表現ができる
・間や相づちなどがたくみにできる
・会話が滑らかである　（能力基準からの抜粋）

あなたは日本語母語話者として、「超級レベル」の能力を保持しているだろうか。あらためて考えてみてもよいだろう。

MEMO

対策
09

面接官の評価エラーを理解せよ

書類選考と採用面接を、さらにロジカルに考えてみよう。

ヒトがヒトを評価することが〝採用〟である。就職戦線を突破するには、この事実をまず覚えておきたい。

なぜなら、ヒトが合否判定を下すとき、採用担当者の主観や感情が少なからずとも影響を及ぼすからである。

そのため、公平な評価を下せるよう、さまざまな対策が事前に講じられている。たとえば、書類選考ではチェック項目が標準化され、それに基づいて判定される。面接では複数の担当官が応募者をみることで、誤差を最小限に抑えようともする。

担当者自らが評価エラーを最小限にするため、エラーに関する講習や勉強会に参加することもある。自分自身の傾向を認識し、どのような人材を選びがちになるのかを再確認するためである。

MEMO

こうした評価エラーは、就職戦線を突破するための知識として覚えておいて損はない。どういう基準で応募者が選ばれるのか、予備知識を入手しておくことで書類選考も面接もうまく立ち回れる可能性が高まる。もちろん、この知識を悪用することは倫理に反するので厳禁である。

一般的な評価者エラーには、次の6つがある。

それらは、ハロー効果、中心化傾向、対比誤差、論理誤差、近接誤差、寛大化・厳格化傾向である。

それでは、ひとつずつ説明していこう。

「ハロー効果」とは、応募者が見せる一部の出来事や印象などに引っ張られ、実際よりも高い評価をつけてしまうことだ。

たとえば、履歴書、応募用紙、エントリーシートに輝かしい経験や資格が書かれてあったりすると、過剰で間違った評価をつけることがある。出身大学ともなれば、その傾向が強く出やすい。

次に「中心化傾向」だが、応募者への気遣いや自信のなさ、評価を下すための適切な情報が採用側にないときに起こりやすいエラーである。わかりやすくいえば、メリハリ

MEMO

がない評価をしてしまうことだ。何を基準にどう評価してよいのか、担当者の理解が乏しい状況でも起こりやすい。

「対比誤差」とは、採用担当者が自分や誰かの価値観や能力を基にして、応募者を評価することだ。

たとえば、礼儀ひとつにしても物足りなさを感じた瞬間、「今の若者は……」と評価を下げたりすることである。応募者が極度の緊張をしていたことが原因であっても、そこには思いがいたらない。

逆に、担当者自身ができない能力を応募者が持っていたとする。たとえばパソコンを応募者が巧みに扱いこなせるようであれば、「表計算できるのはすごい」と評価を上げてしまうこともありえる。

「論理誤差」は論理的に関係がありそうな項目を勝手に推測してしまう評価エラーだ。「この応募者は専門知識が豊富だ。だから仕事を任せても、理解は速いはずだ」と勘違いすることである。「社交性があるんだから、交渉力もあるだろう」と勝手に解釈することもある。

「近接誤差」とは、評価時期直前のできごとを振り回されてしまう評価エラーである。

MEMO

個人面接のまえにグループ面接があったとする。このとき、ある応募者が周囲よりも目を引く言動をしていたとき、同じ面接官が評価に加わると、どうしてもその応募者の言動が気になってしまうものである。

「寛大化・厳格化傾向」では、採用担当者が自分のなんらかの面が応募者のそれと似ていることを発見したとき、甘めの評価をしてしまうことである。逆に「これぐらいできて当たり前だ」と、厳しくチェックしてしまうこともある。

公平な採用をおこなうため、採用担当者は評価エラーに関する知識と経験を学んでいる。研修を受け、間違った評価を下さないように努力もしている。

とはいえ、こうした事実を深く考えてみると、ひとつの結論が浮かんでくる。評価エラーとどのように付き合えばよいのか、応募者としての立場からの対抗策が自ずとわかってきたことだろう。

MEMO

対策 10

自分らしさで勝負しろ

「敵を知り己を知れば、百戦危うからず」

紀元前に書かれた〝**孫子の兵法**〟には、すでに就職戦線を突破するための重要なポイントが述べられている。

敵の力を見極め、己の力を客観的に判断して戦えばこそ、１００回戦っても危機に陥ることはない。つまり、自己理解と職業（仕事）理解が、何よりも大切なのだ。

であれば、書類選考も面接も同じ論理が働く。敵である応募者を理解し、そのうえで採用担当者を深く理解することで、就職戦線は突破しやすくなる。

実際の採用では、応募者の「人間性」がチェックされることが多い。入社後には仕事を一緒にしていく以上、雇う側からすると絶対に外せないチェック項目となる。

書類選考は何のためにあるのだろうか。そして、採用面接はどのような目的で実施されるのだろうか。

孫子の兵法　『孫子』は、古代中国春秋時代（B.C.770～B.C.403）の思想家孫武の作とされる兵法書。過去の戦争を分析し、論理的に勝利を得るための方法を説いている。経営戦略の参考書としても読まれている。

企業が応募者に求められることをロジカルに理解することで、戦線突破の具体的なカギが見えてくる。書類選考と採用面接ではそれぞれ、どこに注目すべきかもわかってくる。

採用面接についてはグループ・ディスカッション、集団面接、個別面接など、さまざまな方法が存在する。なぜ、こうしたさまざまな手法が取り入れられているのかも分析しておくとよい。

その答えは、応募者の〝人間性〟を多角的に見るためだ。

だからこそ、面接では、自分らしさを出せるように心がけたい。ほかの応募者がどう立ち回ろうが関係ない。自分らしさを追求していくのがベストである。

ここで述べる〝自分らしさ〟とは意欲、情熱、自らの価値観、強みなどである。あなた自身がそれらを心から信じて、周囲もそれを感じられることが、大切である。

応募者のリアルな反応は、書類選考からは読み取れない。だからこそ、企業は〝これはといった人材〟を採用面接に呼ぶ。応募者の意欲、感情、価値観、積極性、自発性、柔軟性、忍耐力、気力などを総合的に観察したいからである。

背伸びした発言やウソは必要ないし、必ず見破られる。大切なのは、〝何事につけて

MEMO

も自分で考え、自分の裏づけを持つ意見を述べられるロジカル思考と感情のコントロールの習慣を身につけておく〟ことだ。

己を知るという意味では、自分自身の感情の動きにも敏感になっておくべきである。採用面接の場で感じる感情は、あなた自身の表情にリアルタイムで現れる。

この感情は、〝微表情〟と呼ばれる。喜び、悲しみ、怒り、軽蔑、嫌悪、恐れ、驚きという、７つの基本感情は、コンマ25秒以内にあなたの無意識のうちに表情に出現してはすぐ消える。

この微表情分析は現在、欧米の軍や諜報機関、入国管理局などで幅広く活用されている。日本の法的機関でも使用され、危険人物のウソを見破るために使っている。

彼らは、微表情以外にも目の動きに注目する。視線から本心を見抜くためだ。考える、感じる、思い出す、自分に語りかける、といった状況では、それぞれ視線は異なる方向を向く。

仕草や態度にも、その人の本心は見え隠れする。表情や視線よりも分析しやすいため、こちらは一般の採用面接でよく使用される。

ヒトの心理状態は、３つに分けられる。自己防衛的、中立的、攻撃的（好意的）であ

MEMO

■視線から気持ちを見抜く

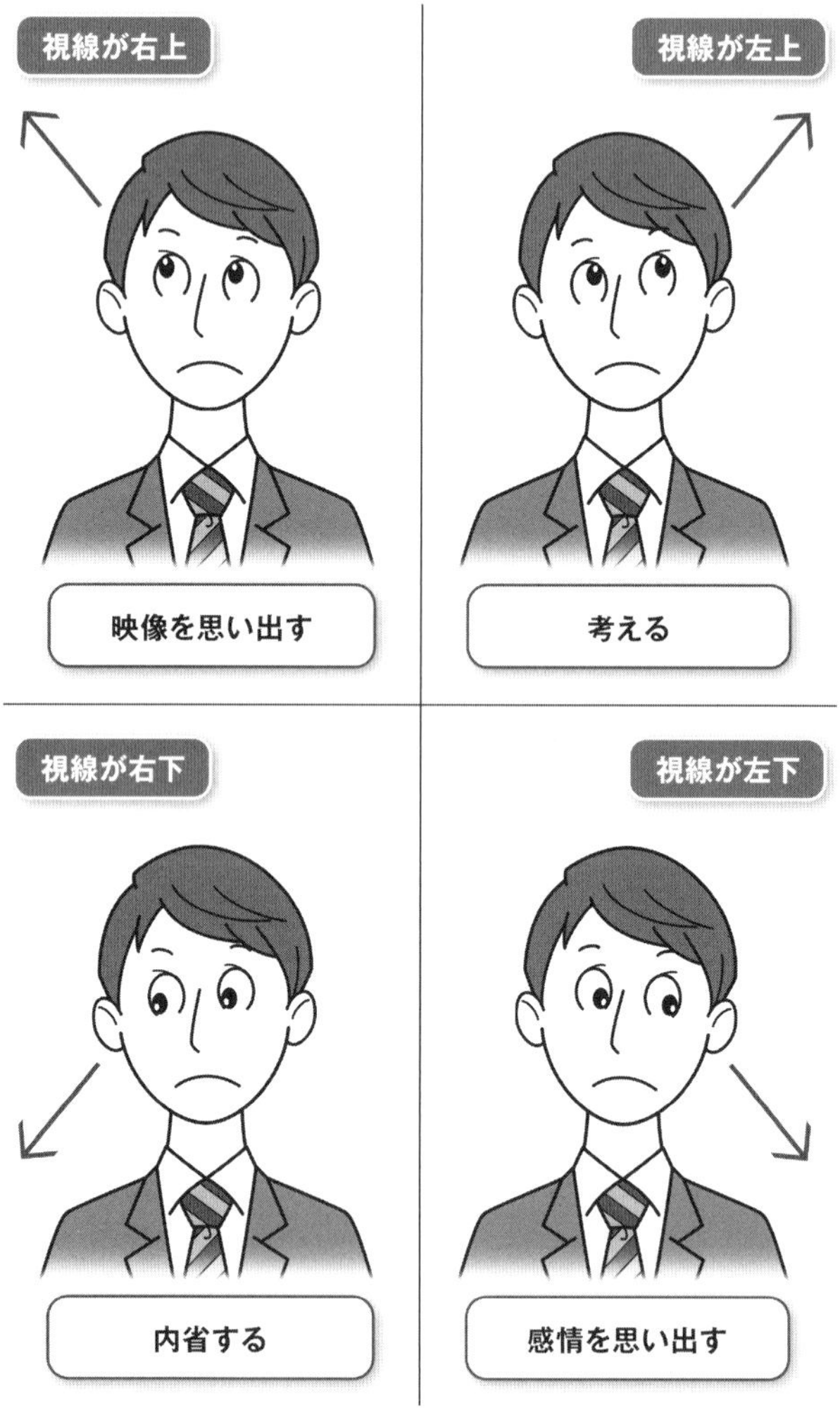

る。応募者の立ち方、座り方を見るだけで、「いま、ここでの気持ち」が読み取れる。

ポイントは重心にある。前に重心があれば、攻撃的（好意的）な状態、後ろに重心があれば不安や緊張が高まっている状態となる。

応募者が椅子に座った瞬間、その気持ちはすばやく読みとく。その気持ちに合わせるように対応を変化させ、〝リレーション〟と呼ばれる信頼関係を構築していく。

面接担当官は自らの気持ちを伝え、応募者を安心させる。これによって応募者は気を許し、次第に本音を語るようになる。

参考までに述べると、こうした手法は諜報機関の尋問でもよく使用される。警察の事情聴取でもそうだが、効果的なテクニックのひとつである。

私の知る限り、日本国内では微表情分析や行動科学を取り入れた合理的な採用面接をおこなっている企業は数少ない。どちらかといえば、いまだに担当者の力量に頼っている企業が多い。

とはいえ、担当者が心理学の知識を持っていることはよくある。キャリアコンサルタントの資格を持った社員が、採用面接に関与することもありえる。

だからこそ、素直な気持ちで、自分の裏づけがある意見を述べる習慣をつけておこう。

MEMO

ロジカル思考を身につけ、自分に素直にいられれば、たとえ圧迫面接をされても落ち着いて返答できるようになれる。

MEMO

付録

サバイバル・ガイド

付録01

日本語会話能力テストに学ぶ面接

ここでは日本語会話能力テスト（ACTEFL-OPI）の視点から、採用面接で問われる質問について分析してみる。選考プロセスのどこでいかなる質問が出されるのかを理解しておけば、今までよりも安心して面接に望める。

実際の採用面接では、応募者であるあなたにさまざまな質問がぶつけられる。しっかりとした企業になるほど、事前に聞くべき質問を吟味し、体系化している。

またご承知の通り、一次面接、二次面接、三次面接ではそれぞれ、応募者をチェックする項目は異なる。何を把握するのか、目的に合わせて質問は組み立てられていく。

すべての応募者に同じ質問をしたうえで、採否を決める。場当たりな質問は公平な評価につながらない。求める人材を発掘するため、訊くべき質問は決められていることが多い。

選考プロセスが存在する以上、あなたに投げかけられる質問は、難易度が低いものから高いものへと変化していくと考えてよい。緊張をほぐし、場に慣れてもらったうえで本音を引き出すためには、この方法がもっとも効果的だからである。

では、まず面接ではどのようなことが聞かれるのだろうか。新卒採用の場合で見てみよう。

・自己紹介をお願いします
・セールスポイントを教えてください
・強み・弱みを教えてください
・長所・短所を教えてください
・特技・趣味を教えてください
・志望動機を教えてください
・学生時代に力を入れたことを教えてください　など

ざっとこんな感じである。私も実際に企業や警察などの採用面接トレーニングをおこなってきているが、どこにいっても日常会話から始まることが多い。これをＯＰＩで述べるなら、レベルチェックの段階に相当する。

では、面接の中期はどうだろうか。

・あなたを採用するメリットはなんですか
・コミュニケーションを円滑に保つには何が必要ですか
・弊社のどこに魅力を感じたのかを教えてください。
・弊社の弱みはどこだと思いますか。
・その理由を教えてください。
・もう少し詳しく教えてください。　など

面接の中期になると少々変化が起こる。訊く内容はポイントに集中され、深堀りする質問となっていく。ＯＰＩで述べると日常会話から具体的な説明や描写へと、表現の質をレベルアップする「突き上げ」がおこなわれる状態にあたる。

面接の後期はどうだろうか。当然ながら、応募者が今まで面接で語った内容をふりかえり、再確認しつつ、さらに切り込む質問が増える。

・先ほどお話頂いた「○○」について、具体的に教えてください。
・あなたがおっしゃった「○○」について、私は「XX」という考え方を持っています。それについてどう思われますか。
・今、おっしゃったことは「△△」の点から同意できません。この発言を聞いて、どう感じられますか。
・率直に教えてください。弊社のどこに魅力を感じましたか。
・残業があるとしたら、何時間まで働けますか。
・あなたは内定が出たら、何%の確率で弊社を選びますか。など

ここに取り上げたのは、あくまでも質問の一例である。実際には何を質問されるのか、企業によってその具体例はまちまちである。

ここで指摘したいのは、質問の内容そのものではない。知っておきたいのは、いかなる面接も日常会話から具体的な話へ、そして抽象的な話へと変化していくことである。

だからこそ、採用面接の練習をするときは具体的な話だけでなく、抽象的な話題にも慣れてお

こう。ロジカル思考を駆使し、相手にわかりやすい日本語を使えるように準備しておく。そして、落ち着いて裏づけのある意見を述べられるように練習しておこう。

もし機会があるようならば、ＯＰＩを受けてみることをお勧めする。30分のインタビューを通じて、自分の日本語の会話能力をぶっつけ本番で試すことができる。試験官の立場からみても、ＯＰＩは採用面接のリハーサルに最適であると私は考えている。

付録02

労働トラブル用サバイバル・ガイド

ここで紹介するのは、あなたが社会人生活を始めるうえで必要なサバイバル・ガイドだ。

このヒント集を作成した理由は、さまざまなキャリアコンサルティングにかかわっているとき、相談者の多くから労働トラブルに関する相談を受けてきたからである。

私は、日本企業に勤める外国人社員と接してきた時期が長い。彼らは日本人社員よりも労働トラブルには敏感である。疑問に感じたことは、積極的に質問してくる。

もちろん、私はキャリアコサルタントである以上、その職務は限定される。相談者自らが動ける助言や提言をすることもあれば、組織へ働きかけることもあれば、限界を感じたときは知人の社会保険労務士や弁護士にリファーもする。

このサバイバル・ガイドでは、もっとも労働トラブルになりやすい項目を取り上げる。あくまでもガイドラインであり、法律の改正によって今後、変更されることもある。個別の状況すべてにあてはまるものではないが、トラブルを避けるためヒントとして活用してもらえば、幸いである。

あなたはすでに本書を通じて、最強キャリアをつくるため、そして就職戦線を突破するために必要な基礎知識を得てきた。あとは行動あるのみ。就職戦線を突破した後は、あなた自身の権利を自分の力で守ってほしい。

職務上、キャリア・コンサルタントの私ができる支援には限界がある。あなたの人生を１００パーセント守ることはできない。

しかしあなたは本書を通じて、すでにさまざまなキャリア理論を学んできたはずだ。それを実際に試してほしい。自分を信じて足を踏み出せば、必ず解決策の手がかりをみつけることができる。あなたが置かれた状況、あなた自身を点検し、周囲の資源を活用してみよう。ロジカル思考を駆使すれば、必ず道は開ける。

行動してうまくいかないとき、不安を感じるときは、立ち止まればよい。キャリアコンサルタントに相談することもできれば、本書に戻ってきてもかまわない。

労働トラブルに巻き込まれてもあきらめてはいけない。あなた自身で乗り越えられる力は、すでに養われている。信頼できる人に相談する、労働局や労働相談窓口にコンタクトしてみる方法もある。〝解決できる〟と自分を信じて、行動して欲しい。

職探しの基本

職探しの方法は、２つある。

１つは国の機関であるハローワーク（公共職業安定所）や無料職業紹介所、さらには民間の有料職業紹介所で職業紹介を受ける方法だ。もう1つは、自分で調べて探す方法としてインターネット、求人誌、求人広告など自分で探す方法だ。

求人内容では、最低でも次の点を確認しておきたい。

- 労働契約の期間と身分
- 勤務場所、業務内容
- 勤務時間、休日、年次有給休暇、特別休暇、残業の有無や程度
- 賃金額、昇給制度、賞与制度の有無と支給額・率
- 通勤手当の有無および上限額、支給時期
- 社会保険・労働保険の加入の有無
- 社員の福利厚生制度

ハローワークでの求人票、求人誌、求人広告などに記載されている労働条件では、法律的に「誘引行為」として、求人募集への応募を誘い、ひきつけるための条件が示されていることがある。よって採用されたとしても、採用労働契約時の条件を確定するものではないので、再確認が必要だ。

たとえば「給20万上」という記載は、給与20万円以上を示すが、諸手当込みが多く、最低保障とは限らない。また「交費給」は交通費支給を意味するが、上限を決めている会社が大半で、全額保障になるとも限らない。

実際に応募する際は、企業が公平な採用選考を行っているのかをチェックしておこう。家族状況や生活環境といった、あなた自身の適正・能力と関係ない事柄で採否が決められることは避けるようにしたい。

もし、企業があなたに求める応募用紙やエントリーシートに、次に述べる項目があるときは注意したほうがよい。なぜなら、個人情報として収集してはならない項目として法律上、旧労働省の指針で定められているからである。

まず、人種、民族、社会的身分、門地、本籍、出生地そのほか社会的差別の原因となるおそれのある事項。たとえば、本籍・出身地、家族状況、住宅状況、生活環境、家庭環境、容姿、スリーサイズなどがある。

次に思想および信条について、がある。宗教、支持政党人生観、生活信条、尊敬する人物、思想、購読新聞、雑誌、愛読書が該当する。

さらには、労働組合への加入状況も含まれる。労働運動、学生運動、消費者運動などの社会運動に関する情報収集も該当する。

内定

中途採用では実態に即して検討すべきだが、新規学卒者の採用では企業があなたに対して採用を決定（通知）することは、「労働契約」が成立したことを意味する。労働契約はあなたが一定の労働条件のもとで使用者の指揮命令を受けて働くことを約束し、使用者はその対価としてあなたに対して、一定の賃金を支払うことを約束する契約である。

労働契約は求職者であるあなたからの申し込みに対して、採用内定通知として企業が承諾する形で成立する一方、口頭でも成立する。

文書による採用内定通知では、基本的に解約権が留保されており、誓約書等に記載された採用内定取消事由（たとえばあなたが学生で卒業できないなど）が発生した場合は解約できるとしている。

また、入社同意書や誓約書等を提出しているようなケースで企業が内定を取り消すことは、労働契約の解約に該当する。よって解雇法理が適応になるため、内定取消には解雇と同じく、客観的で合理的な理由が必要となる。少なくとも30日前の予告あるいは30日分以上の平均賃金の支払い義務が企業に生じる。

通常、考えられる採用内定の取消事由は以下の通りだ。

あなた（内定者）側の事由

・学校を卒業できない
・所定の免許・資格を取得していない、取得できなくなった
・心身の病気、その他の理由により勤務できない
・履歴書の記載内容や面接時の発話に虚偽があり、採用通知までにそのことを知ることができないことに理由があり、その内容が採否判断の重要な要素となる
・採用に差し控える犯罪行為があった

会社側の事由

・新規採用を不可能とするような予測可能な経営状況。基本的には一般社員をどうしても整理しなくてならない、整理解雇を回避するための努力をした後、などの「整理解雇の4条件」に基づく。

あなたから内定を辞退するとき、期間の定めがない契約については民法上、2週間以上の予告期間をもって解約できる、とされている。

また、内定で問題視されやすいのが「内々定」である。たとえば、内定通知に先立って、「内定を考えてもらってよい」というような遠まわしの発言をされた場合である。

労働契約の申し込みに対する採用側の承諾と解される場合、労働契約が成立する。一方、採用の意思はあるが労働条件の詳細は改めて確認して契約を結ぶ、という場合は労働契約が成立しているとは判断できないこともあるので、ここは注意が必要である。

採用労働条件

労働者となるあなたが、使用者の指揮命令下で働いて賃金をもらう約束を「労働契約」と呼ぶ。労働契約は口頭でも成立するが、使用者は賃金、労働時間、労働契約の期間、就業場所、業務内容など、労働条件の一定事項を書面にして、あなたに渡す必要がある。

書面で労働者に明示しなくてはならない項目は、まず次の通りとなっている。

・労働契約の期間
・期間の定めがある労働契約では、更新の有無・更新の基準
・就業場所と従事する業務
・労働時間、休憩、休日、休暇、交代制勤務の就業時転換
・賃金の決定計算および支払い方法、賃金の締切と支払い時期
・退職（解雇事由を含む）

これらに加えて、パートタイム労働者には賞与・退職金・昇給の有無についても、書面で明示

する必要がある。また使用者がなんらかの定めをするときは、労働条件通知書などに記載する必要がある。

あなたも就職時は労働条件について、労働契約書や労働条件通知書などを書面でもらうように心がけておくとよいだろう。求人票や求人広告も念のため、保管しておきたい。

万が一、あなたの労働条件が労働基準法を下回るときは、その部分は無効とされる。無効となった部分は、労働基準法の定めるところとなる。

もっとも採用に際して、労働条件通知書などの書面によって明示されなかった労働条件であっても、使用者から就業規則が周知され、その内容が合理的であれば、労働契約法によって就業規則の内容が適応される。ただし、就業規則の内容を上回る労働条件を、労働条件通知書等で定めていた場合は、労働条件通知書などによる合意が最優先される。

ちなみに就業規則は、最低限保障されるべき職場の労働条件や労働者の守るべき服務規律などを規定した規則である。労働基準法では「常時10人以上の労働者を使用する使用者は、就業規則を作成しなくてはならない」と規定している。

この就業規則の記載事項は、絶対的必要記載事項と相対的必要記載事項の2つに分かれる。

必ず定めなくてはならないのは、絶対的必要記載事項だ。

ここには、始業および終了の時刻、休憩時間、休日、休暇、賃金の決定・計算およびその支払方法、賃金の締切および支払いの時期ならびに昇給、退職（解雇事由）が含まれる。

相対的必要記載事項では、次のような定めをする場合は明らかにしておくことになる。職業訓練、安全及び衛生、災害補償などがあるが、もっとも気がかりなのは退職手当だ。退職手当があれば、退職手当の定めが適応される労働者の範囲、退職手当の決定、計算及び支払いの方法、支払いの時期に関することについての明記が必要となる。

試用期間

あなたが採用された後の一定期間を、「試用期間」と呼ぶこともある。これは、使用者があなたの資質・能力などの適格性を判断するためである。解約権を留保するための期間でもあるが、試用期間でも労働契約は成立する。

よって試用期間を設けている場合は、試用期間の長さや試用期間中の労働条件もふまえて、あらかじめ文書で、使用者はあなたに明示しておく必要がある。

試用期間の時給が本採用の時給と異なる場合は、あらかじめ試用期間があること、また試用期間の時給が一般の時給と別に定められている旨を文書で提示し、あなたが合意する必要がある。

試用期間の解雇については労働契約がすでに成立しているため、解雇権汎用法理が適応される。試験期間満了後の解雇についても、解雇に相当するため、客観的で合理的な理由を欠き、社会通念上相当と認められない場合は解雇権汎用にあたり、無効となる。

なかでも注意したいのは、採用にあたっては「当初は有期労働契約の契約社員等として雇用し、その後に正社員になる」という採用形態だ。

この契約期間の定めを設けた趣旨や目的は、労働者の適正を評価・判断することであると解釈できる。よって、基本的には契約期間満了に伴い、自動的に労働契約が終了するのではなく、本採用を拒否するには客観的で合理的な理由が必要となる。

賃金が支払われない

労働基準法では、賃金、給与、手当、賞与などの名称にかかわらず、労働の対価として使用者が、労働者であるあなたに支払うすべてを「賃金」と定義している。

賃金の額については、最低賃金法によって定められた賃金額以上を支払う必要がある。最低賃金は時間額と表示されているため、支払われる金額は時間当たりの金額に換算して比較することになる。

この最低賃金には、都道府県単位で決定される地域別最低賃金と特定の産業・業種で決定される特定賃金がある。また、派遣の場合は派遣先の最低賃金が適応となる。

もし賃金が支払われない場合は労働者本人、つまりあなたが請求することから第一歩がはじまる。時間が経過すると事実関係が曖昧になる恐れがあり、証拠も集めにくくなるので、速やかに対応したい。賃金一般は2年以内に請求しないと時効になる。

口頭で請求し、支払われない理由、いつ支払われるのか、不払いの金額も確認することが大切である。支払う方向で話が進むのであれば、書面で不払い金額および支払期日を明確にしてもらおう。

不払いの理由を説明されたとしても、実際に働いた部分の賃金は基本的には支払われる。会社に損害を与えた賠償金として、使用者が一方的に賃金と相殺することはできない。経営状況が悪化していたとしても、払わなくてよいという理由にはならない。

また支払われる金額が採用時よりも低い場合には、当初の契約内容を使用者に確認するようにしたい。採用の際に賃金額を記載した労働条件通知書を書面で交付してもらっておく以外にも、求人広告の写しなどを保管しておくとよい。大切なのは、契約の当初の賃金額が明確であることだ。

残業手当が支払われない

残業手当の支払いは賃金の支払いと同じく、あなた自身が請求しなくてはならない。口頭で請求し、支払われない理由を訊き、もし支払われるようであれば、金額と期限を文書でもらうようにする。もちろん、労働契約書、就業規則、賃金規定など、請求の根拠となる証拠類は入手しておく。

労働時間とは「使用者の作業場の指揮監督下になる時間、または使用者の明示または黙示の指示によりその業務に従事する時間」のことである。法律では基本的には（例外はあるが）法定労働時間として1週40時間、休憩を除いて1日8時間という労働時間の上限が決まっている。よって、これを超えて働いた時間は残業手当を支払う義務が使用者に生じる。

ちなみに残業手当は当該時間外・休日労働については就業規則、労働基準法により、通常の労働時間または労働日に賃金の2割5分以上、法定休日の労働には3割5分以上の割増率で計算しなくてはならない。

深夜については（原則は午後10時から午前5時）、2割5分以上の割増賃金が必要となる。よって残業が深夜に及ぶときは、あわせて5割増し以上の計算となる。さらには労働基準法の改正により、1ヶ月60時間を越える時間外労働について、割増率の取り扱いが必要となる会社もある。会社の一方的な説明だけで納得せず、客観的な情報を入手することがトラブルの予防と解決に必要である。

雇用保険

雇用保険とは、あなた自身が勤めていた会社を解雇された、退職した、会社が倒産した、人員整理のため辞めざるをえなかったという場合に、失業時の一定期間の生活費を給付するための制度だ。基本的には労働者が雇用される事業である限り、ほとんどが雇用保険の適応事業となる。よって適応事業所で働くときは被保険者となり、加入はあなたの意思には関係なく、保険料は被保険者であるあなたと事業主から徴収される。

よって、給与明細を確認して雇用保険料が差し引かれていないことが分かったり、雇用保険に加入しないと会社から説明があったりしたときは、なぜ加入しないのか、その理由をきちんと確認しておきたい。

短時間労働者や派遣労働者であっても、雇用保険は適用範囲になることがある。たとえば、所定労働時間が週20時間以上かつ31日以上雇用見込みがある場合は加入できる。

もし、あなたが離職することになったら、離職票を事業主から受領し、居住地を管轄するハローワークに出向くことになる。求職の申込をしたうえで離職票を提出し、給付を受けるのだが、事前に1つだけ注意しておきたいことがある。

離職票には、事業主が離職理由を書く欄がある。基本手当は受給資格決定日から7日間の待機を過ぎて支給されるが、離職理由がもし①自己の責に帰すべき重大な理由によって解雇された場合、②正当な理由がなく自己の都合によって退職した場合には、さらに一カ月から三カ月の給付制限を受けることになる。

ただし、自己都合による退職であっても「正当な理由」とハローワークが判断した場合は会社都合による退職と同じ扱いとなり、給付制限を受けない場合もある。

よって、離職理由は正確に書いてもらわなくてはならない。

また、離職票に記載された「賃金額」によって基本手当日額も決定するので、こちらも正しいものかを確認しておこう。

万が一、事業所が雇用保険に加入していなかった場合は、あなた自身が離職後、住居地を管轄するハローワークに出向き、事業所に雇われていたことを証明する必要がある。また、離職票を発行してくれない場合も、あなた自身がハローワークへ相談することになる。

労災保険

労災保険は、業務上のケガや病気等の場合に治療費や休業期間の賃金を保障する制度である。業務と相当因果関係になるケガや病気であれば、労災保険の対象となる。また、通勤も業務と密接な関係があるため、通勤災害も労災保険の対象となりえる。

労働者を一人でも使用する事業所は、原則として労災保険の強制適応事業所となる。保険料はあなたではなく、事業主が全額負担する。もしも事業主が保険関係成立届を出しておらず、保険料を納付していなくても、労働者であるあなたは労災保険給付を請求できる。パートやアルバイトなど、雇用形態には関係ない。

労災は会社が申請するものではなく、被災したあなた、もしくは遺族が申請するものだ。申請先は、あなたが勤めていた事業場を管轄する労働基準監督所になる。請求時は直前の給与額や被災事実などの証明が必要不可欠となるが、この証明を「災害発生の責任を認めることになるのは不本意だ」として事業主が拒否することもある。

ロジカルに考えると労災を認定するのは事業主ではなく、労働基準監督署である。労災が認められたとしても、自動的に事業主の責任が発生するものではない。それでも証明を拒否する事業主がいる。

このときは証明を拒否された旨の文書をつけて、証明のない請求書をあなた自身が労働基準監督署に送ることになる。請求書の用紙は、労働基準監督署に用意されている。

なお、ケガなどの治療を受けた病院が労災保険の指定医のときは、原則として治療費を支払うことはなく、病院の窓口に療養の給付申請書を提出する。一方、指定医でない場合は、治療費をあなた自身が一度立て替え、その金額を労働基準監督署に後日請求する。

また、療養するために会社を休んだ期間について休業補償を請求する場合は、医師の証明を記入してもらった休業補償給付申請書を、あなた自身が労働基準監督署に提出することになる。

労働トラブルの対応では、あなた自身が動かなくてならない。残念ながら、これが現実だ。だからこそ、あなたの権利はあなた自身で守るという意識を持ち、立ち向かっていただきたい。

できるものなら予防し、トラブルは回避するのが賢い戦略だ。そのうえで何かがおかしいと感じたら、速やかに記録や証拠を集めていこう。

最期になるが、何よりも大切なのは、あなただけで抱え込まないことだ。本書で得た知識と経験を活用し、資源を活用し、前向きにキャリアを切り開いて欲しい。

おわりに

最後まで本書をお読みいただいたあなたに対して、まずは感謝の意を述べたい。本書があなた自身のキャリアを考える、なんらかの参考になっていれば、嬉しい限りである。

自分の話になって恐縮だが、私はセキュリティ・コンサルティング業務に長年携わってきた。法執行機関に属する対テロ部隊、身辺警護チーム、尋問官などの指導に加えて、在日の米国系証券会社やホテルなどの指導も手がけてきた。

守秘義務上、それらの具体的な内容は語れないが、さまざまな諜報機関や軍関係者と接してきた。そして、彼らの〝生き方〟に多くを学ばせてもらった。

そうした国内外の現場で得た知識と経験をキャリアコンサルティングと日本語会話能力テスト試験官いう視点を通じて整理したのが、本書「ＣＩＡ＆ＦＢＩ諜報員に学ぶ　最強キャリアをつくる転職・就職術」である。

個人的な見解だけでなく、裏づけとしてさまざまなキャリア理論を用いた。できるだけ、あなたにわかりやすい表現を用いるように努め、専門性よりも実用性を重視したつもりである。

この点についてはキャリア理論の専門家からすると、物足りなさを感じる部分があるかもしれないが、そこはご容赦いただきたい。何かあれば逆にご指南いただければ嬉しい限りである。

本書は現役大学生、つまりは20歳代前半の〝新卒者〟だけを対象にしたものではない。学校は卒業したが就職していない〝既卒者〟、卒業後三年程度までの〝第二新卒者〟でも、十分に利用できる内容になっている。

もちろん、30歳以降のミドルの方々にも十分使える。今の仕事でキャリアを積む、もしくは転職して新たな〝生き方〟を手に入れるための戦略と戦術を考えるヒントともなることだろう。

私が本書を書こうとした理由を、ここで述べておきたい。どうしても、あなたに伝えておきたいからだ。

実は私自身も、自らのキャリアに翻弄されていた時期があった。具体的には「学歴」だ。新たなキャリアを進もうとしたとき、学歴は大きな壁となった。だからこそ、47歳という中途半端な年齢で、私は大卒の資格を取ろうと決意した。

かつてのセキュリティ・コンサルティングの仕事は、実力社会だった。「高卒」の肩書きは一切求められず、専門的な知識や技術があればそれでよかった。

しかし、市場環境の変化は、私自身の〝生き方〟に大きな影響を与えた。日本語教育とキャリア教育の分野に足を踏み入れたとき、もはや太刀打ちできなくなっていた。

この状況のなか、「いまからでも間に合う。大学は出ておけ」と忠告してくれた警察幹部がいた。経営学部出身の彼は、「顧客が求めるのは商品とは?」という問いを、私に投げかけたのである。この発言がきっかけとなり、大学へ通うというキャリアを選択することになった。

大学で私は3つの分野の勉強を専攻したが、40歳代で学ぶことはそれこそ衝撃的な日々であった。今までのやり方がどんなに自分勝手で我流だったかを思い知らされた。

まずは「経営管理」。組織戦略論、組織行動論、マーケティング論などを通じて、現場で培ったビジネスの知識を体系化し、自分を商品とする方法を学び直した。

次に「心理学」も基礎から再び積み上げた。発達心理学、組織心理学、カウンセリング心理学などの知識と実務経験の再統合をおこなった。

そして、もっとも役立つことになったのが「キャリア学」だった。特性論、学習理論、発達論などの理論から、私自身の〝生き方〟をふりかえり、気づき、肯定的に捉えられるようになった。

キャリアという視点ができたからこそ、仕事を拡げるために「産業カウンセラー」の資格を取得し、国家資格キャリアコンサルティング技能士2級にも無事合格できた。そして50歳で大学を無事卒業し、社会人大学院で経営学修士（ＭＢＡ）取得を目指そうという〝生き方〟をしている私が、いまここにいる。

本書を書きたかった理由はそう、苦しかった〝生き方〟をどうにか乗り越えられたからである。キャリアコンサルティング技能士2級となった今、社会に対してなんらかの恩返しができないかと考えたからでもある。

新たなキャリアを築けたのは、考えてみると私自身だけの力では決してない。周囲の支援があったからこそ、うまくいったのである。本書の出版にしても、さまざまなサポートがあったからこそ、こうしてあなたの手に取られている。あなたは私の資源であると同時に、私はあなたの資源である。

本書の出版に尽力いただき、原稿が完成するまでずっと待っていただいた新紀元社の藤原健二氏、本多茂昭氏の両氏にも、感謝しなくてはならない。そしてまた、私のプライベート仲間、産業カウンセラーやキャリアコンサルタントの仲間、私を育ててくれた外国人ビジネスパーソンたち、そして名前を決して明かせない〝彼ら〟に大いなる感謝を述べる。

私のキャリアはまだ終わったわけではない。今後も変化し続けるだろう。キャリアコンサルタントとしての自己研鑽は続いていく。

大切なのは動き続けることだと私は信じている。動けば、思わぬチャンスに出合える確立が高まっていく。スタンフォード大学のクランボルツ教授（Krumboltz.J.D）は、この考えを「計画された偶然性」と唱えている。

個人のキャリアの大半は、予想もしない偶発的なことによって決定される。まさにそうだ。私は教授が提唱する5つの行動特性がお気に入りである。

・なにごとにも好奇心を持つこと
・持続性をもって取り組むこと
・こだわらずに柔軟性を持つこと
・できごとは楽観的に考えること
・自分から冒険すること。

自ら積極的に行動し、ものごとは前向きに捉える。つまりはポジティブ・チェンジである。自らが学習し続けることで、変化し続ける環境にも適応できる。

学習の方法はそれぞれに違ってかまわない。

あなたは本書を読んで、何を感じただろうか。

これからどのようなキャリアを歩もうとしているのだろうか。

その道は、あなた自身が納得できるものだろうか。

手ごたえを感じられるものなのか。そして、今、ワクワクしているだろうか。

ぜひとも、あなたならではのキャリア、〝生き方〟を手に入れてもらいたい。そして、小さくてもポジティブな第一歩を踏み出せるきっかけとなったなら、本書の目的は果たせたことになる。

毛利　元貞

参考文献

・渡辺三枝子編著『新版キャリアの心理学』ナカニシヤ出版（2007年）
・木村周著『キャリア・コンサルティング理論と実際（3訂版）』雇用問題研究会（2013年）
・産業カウンセラー協会編『キャリア・コンサルタント その理論と実務 第4版』産業カウンセラー協会（2015年）
・ナンシー・K・シュロスバーグ著／武田圭太・立野了嗣監訳『選職社会 転機を活かせ』日本マンパワー出版（2000年）
・外島裕・田中賢一郎編『増補改訂版 産業・組織心理学エッセンシャルズ』ナカニシヤ出版（2004年）
・スティーブンP. ロビンス著／高木晴夫訳『新版組織行動のマネジメント』ダイヤモンド社（2009年）
・日沖健著『実戦 ロジカルシンキング』産業能率大学出版部（2008年）
・山内博之著『OPIの考え方に基づいた日本語教授法 -話す能力を高めるために』ひつじ書房（2005年）
・デーブ・グロスマン著／安原和見訳『人殺しの心理学』原書房（1998年）
・JC・カルーソン著／夏目大訳／佐藤優解説『CIA諜報員が駆使するテクニックはビジネスに応用できる』東洋経済新聞社（2014年）
・ダン・キャリソン＆ロッド・ウォルシュ著／木幡照雄訳／野中郁次郎解説『アメリカ海兵隊式最強の組織』日経BP社（1999年）
・ジェフ・キャノン＆ジョン・キャノン著／野中郁次郎監訳・解説『アメリカ海軍SEAL式 鬼の「指導力」「決断力」「実行力」』イースト・プレス（2003年）
・反戦イラク帰還兵の会/アーロン・グランツ著／TUP訳『冬の兵士 イラク・アフガニススタン期間米兵が語る戦場の真実』岩波書店（2009年）

資　料

○キャリア・コンサルタントの照会

『キャリア・コンサルネット』

キャリア・コンサルタントとキャリア・コンサルティングの活用情報の提供サイト。

https://www.c-consulnet.jp/

『キャリア・コンサルティング技能士の窓』

厚生労働省認定国家資格技能士を、名前・地域・保有関連資格等から探せるサイト。

http://www.ginoushi-mado.org/

○厚生労働省

『ジョブ・カード制度』

「生涯を通じたキャリア・プランニング」及び「職業能力証明」の機能を担うツール

http://jobcard.mhlw.go.jp/

著者プロール

毛利元貞

言語行動研究所所長

1990年年代、テロ対策を専門とするセキュリティ・コンサルタントとして、米国、インド、タイなどで活動。その後、基盤を国内に移し、旧モルガンスタンレー証券をはじめとする外資系企業や警察などの官公庁などでコミュニケーション研修、危機管理研修、交渉力研修などを実施。同時に組織員のキャリア支援、採用面接支援などもおこなう。2004年および2006年に米国研修機関で、尋問、脅威査定、表情分析などの訓練を受ける。2011年日本語教育能力検定試験、2012年日本語教師検定に合格後、ビジネス日本語教師として活動を開始。2014年産業カウンセラーに合格後、2015年米国ACTFL-OPI（日本語会話能力テスト）試験官の資格を取得し、2級キャリア・コンサルティング技能士に合格。同年50歳で大学（マネジメント学士）を卒業し、現在は社会人大学院にてMBA（経営学修士）を専攻中。キャリアコンサルティングに関連する資格として、ジョブ・カード作成アドバイザー、中央労働災害防止協会心理相談員、リテール・マーケティング（販売士）2級、メンタルヘルス・マネジメント検定Ⅱ種、秘書検定2級など。主な著書に『取調べ・職質に使えるヒント集』（東京法令出版・共著）がある。

言語行動研究所では「人材と組織のポジティブ・チェンジ」を目指し、成功追求型思考（ソリューション・フォーカス）による人材育成・組織開発コンサルティングを国内ならびに台湾で実施しています。外国人ビジネスパーソンを雇用する企業を中心とする異文化・ビジネス日本語教育、キャリア、メンタルヘルス、対人関係支援等をおこなっています。また、一般企業の従業員と組織の自立と自律を促す、キャリアコンサルティング業務も担っています。

問い合わせ先　言語行動研究所

ホームページ：http://www.gengo-koudou.com

メール：info@gengo-koudou.com

CIA&FBI諜報員に学ぶ
最強キャリアをつくる転職・就職術

2016年3月12日　初版発行

著者　毛利元貞

発行人　宮田一登志
発行所　株式会社新紀元社
〒101-0054
東京都千代田区神田錦町1-7
錦町一丁目ビル2F
Tel.03-3219-0921　Fax.03-3219-0922
http://www.shinkigensha.co.jp/
郵便振替　00110-4-27618

図版・イラスト　清水義久
デザイン・DTP　株式会社明昌堂

印刷・製本　株式会社リーブルテック

ISBN978-4-7753-1392-3
定価はカバーに表示してあります。
Printed in Japan